新3観点

保護者の信頼を得る
# 通知表所見の
# 書き方&文例集

田中耕治 編著

小学校
低学年

日本標準

## はじめに

　本来，通知表とは，学校と家庭との連絡を行う数ある方法のひとつであり，教師と保護者が共同して，子どもたちの学習と生きる力を励ます共通の広場を提供するものです。そのために，通知表には狭義の学習記録だけでなく，「総合所見」欄や生活状況に関する項目も設定されています。

　学習の記録欄においては，今般の学習指導要領がめざそうとしている「資質・能力の3本柱（「知識及び技能」「思考力，判断力，表現力等」「学びに向かう力，人間性等」）」に則して，新指導要録においては，3観点（「知識・技能」「思考・判断・表現」「主体的に学習に取り組む態度」）に整理されました。そして，学習評価は，引き続き，すべての子どもたちの学力の保障をめざす「目標に準拠した評価」で実施すべきとされています。

　他方，「所見」欄は「個人内評価」を実施することが求められ，子どもたちの学習集団や生活集団における姿を全体的・発達的に生き生きと記述する必要があります。「目標に準拠した評価」には示しきれなかった子どものがんばりや魅力も記述することが大切になります。そこには，教師の子どもたちへの成長や発達の願いが込められることになります。

　本書で示される所見の「書き方」や「文例」を参考にして，また工夫をこらして，子どもたちの学習と生きる力を励ますメッセージになることを期待します。


　2020年6月

田中耕治

第 **1** 章

# 新３観点評価と通知表所見のあり方

1. 資質・能力ベースになった学習指導要領で求められている
   こと
2. 新３観点による評価のあり方
3. 通知表のあり方と所見の記入

# 1. 資質・能力ベースになった学習指導要領で求められていること

　周知のように，学校教育において「資質・能力」という言葉が多用され始めるのは，PISA2003年実施の調査結果を受けて，とりわけ「読解力不振（OECD平均程度）」が注視され始めた頃です。この結果に危機感をもった文部科学省によるPISA型読解力向上プログラム政策が功を奏したのでしょうか，PISA型読解力の順位は，14位（2003年）→ 15位（2006年）→ 8位（2009年）→ 4位（2012年）→ 8位（2015年）となり，V字回復を果たしました。しかしながら，直近の2018年に実施されたPISA調査では，15位となり，全国紙の一面トップで「読解力続落（『朝日新聞』2019年12月4日付）」「読解力急落（『毎日新聞』『読売新聞』2019年12月4日付）」という言葉が躍りました。

　さて，そもそもPISA型読解力とはどのようなものでしょうか。2005年12月に文部科学省から発出された「読解力向上プログラム」には，その特徴が傍線（波線は筆者加筆）を付して以下のように的確に規定されています[1]。

①テキストに書かれた「情報の取り出し」だけではなく，「理解・評価」（解釈・熟考）も含んでいること。

②テキストをたんに「読む」だけではなく，テキストを利用したり，テキストに基づいて自分の意見を論じたりするなどの「活用」も含んでいること。

③テキストの「内容」だけではなく，構造・形式や表現法も，評価すべき対象となること。

④テキストには，文学的文章や説明的文章などの「連続型テキスト」だけではなく，図，グラフ，表などの「非連続型テキスト」を含んでいること。

①②の傍線にあるように，従来のように「情報の取り出し」や「読む」だけではなく，「理解・評価（解釈・熟考）」や「活用」も含むとされ，PISA型読解力（広くリテラシーと呼称）は一般に「活用力」と称されるようになります。ただし，波線で示した「だけではなく」と表現されているように，従来の読解力指導を全否定するものではないことに注意しておきたいと思います。

　PISA型読解力とは，「情報の取り出し」「解釈（後に「理解する」と変更）」「熟考・評価」の3要素で構成され，とりわけ，PISA型読解力の典型とされる「熟考・評価」とは，テキストの内容とともに形式であって，読み手に外部の知識を使って，テキストへの賛否について根拠を明確にして批評するように求める，まさしく質の高い学力です。この「熟考・評価」を試すテスト問題が，PISA2000で採用された「贈り物」問題であって，それを参考に作成されたのが2007年度に実施された全国学力・学習状況調査「中学校国語B」における「蜘蛛の糸」です。以下，要約的に示してみましょう（表1参照）。

**表1　学力調査における問いの比較**

| PISA2000における「贈り物」問題 | 2007年度全国学力・学習状況調査「中学校国語B」における「蜘蛛の糸」問題 |
|---|---|
| 「贈り物」の最後の文が，このような文で終わるのは適切だと思いますか。最後の文が物語の内容とどのように関連しているかを示して，あなたの答えを説明してください。 | 中学生の中山さんと木村さんは，以前に読んだ「蜘蛛の糸」は，「三」の場面が省略されていたことを思い出しました。［中略］あなたは，中山さん（省略なし賛成），木村さん（省略なし反対）のどちらの考えに賛成しますか。どちらか一人を選び，［中略］あなたがそのように考える理由を書きなさい。 |

出典：国立教育政策研究所監訳『PISAの問題できるかな？－OECD生徒の学習到達度調査』明石書店，2010年，および国立教育政策研究所教育課程研究センター「全国学力・学習状況調査」（http://www.nier.go.jp/tyousa/07mondai_chuu_kokugo_b.pdf　2020年6月1日確認）より作成。

　このようにみてくると，PISAで求められている学力の質は，かなり高度なものと考えてよいでしょう。このことを念頭に，さらには国際的な学習科学の成果を反映して，国立教育政策研究所が2015年に，今後の学力

モデルとして「21世紀型能力」と呼称し，それを3層〈基礎力，思考力，実践力〉として構造化しました[(2)]。この方向性をブラッシュアップした形で，2017年改訂の学習指導要領においては，「生きて働く知識・技能の習得」「思考力・判断力・表現力等の育成」「学びに向かう力・人間性等の涵養」の3つの柱で教育目標を示し，授業と評価のあり方を方向づけたのです（図1）。このような動向は「資質・能力（コンピテンシー）・ベース」な改革と総称されます。

## 図1　学習指導要領改訂の方向性

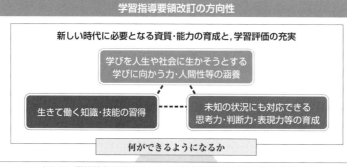

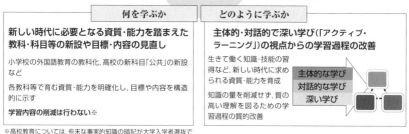

出典：平成29年度 小・中学校新教育課程説明会（中央説明会）における文部科学省説明資料
（https://www.mext.go.jp/a_menu/shotou/new-cs/__icsFiles/afieldfile/2017/09/28/1396716_1.
pdf　2020年6月1日確認）より作成。

# 2. 新3観点による評価のあり方

## 1 新3観点と評価の基本構造

　以上のように，2017年改訂の学習指導要領において，めざすべき「資質・能力」が3つの柱で示されることになりました。この改訂を受けて，指導要録の公的文書として，2019年1月に「児童生徒の学習評価の在り方について（報告）」が公表され，3月に「小学校，中学校，高等学校及び特別支援学校等における児童生徒の学習評価及び指導要録の改善等について（通知）」が発出されました[(3)]。そこでは，従来の観点別学習評価の4つの観点（「知識・理解」「技能」「思考・判断・表現」「関心・意欲・態度」）が，「資質・能力」の3つの柱に対応して，3つの観点（「知識・技能」「思考・判断・表現」「主体的に学習に取り組む態度」）に整理されています。

　そもそも，観点別学習評価でいう「観点」とは，従来から教育方法学で探究されてきた学力モデルの要素にあたり，学力の能力的側面を示すものです。アメリカにおいては，ブルーム（Bloom, B. S.）たちが開発した「教育目標の分類学（タキソノミー）」に該当するでしょう。たとえば，「三権分立」という教育内容を教えた場合，子どもたちにどのような能力や行動を期待するのかを明示しようとするものです。たとえば，「三権の名前を暗記する」（「知識・技能」）レベルから「三権分立がなかった時代はどのような時代かを考え，発表する」（「思考・判断・表現」）レベルまであるでしょう。この観点別学習評価は，2000年の改訂指導要録において，学力保障をめざす「目標に準拠した評価」が全面的に採用されたことによって注目されるようになったものです。まずは，国立教育政策研究所が，この度の指導要録における学習評価の基本構造を明確に示している図2を示しておきましょう。

## 図2　学習評価の基本構造

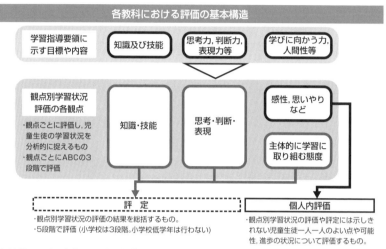

(注) 各教科における評価は，学習指導要領に示す各教科の目標や内容に照らして学習状況を評価
するもの (目標準拠評価)。したがって，目標準拠評価は，集団内での相対的な位置付けを評価
するいわゆる相対評価とは異なる。
出典：国立教育政策研究所『学習評価の在り方ハンドブック小・中学校編』2019年，p. 6 より作成。

## 2 多様な評価方法と評価計画

　ところで，2000年に観点別学習評価が注目されるようになったにもか
かわらず，教育現場においては必ずしも所期の目的を達していないという
実情があります[4]。その理由は多岐にわたると思われますが，その大き
な要因のひとつは，めざすべき学力や教育目標に対応する評価方法 (カリ
キュラム適合性，図3参照) の開発が遅れていることにあるでしょう。「知
識・技能」を再生するのみのペーパーテストに依存するだけでは，「思考・
判断・表現」を求める探究型の授業展開には対応できません。子どもたち
にとっても，「知識・技能」を中心とするペーパーテストのみを課される
となると，探究型の授業自体を否定することにもなりかねません。紙幅の
制約で具体例を省略しますが，「思考・判断・表現」を評価する方法とし
て，最近パフォーマンス評価の研究や開発が進みつつあります。また，「主
体的に学習に取り組む態度」を評価する方法として，あらためてポート

## 図3　学力評価の方法

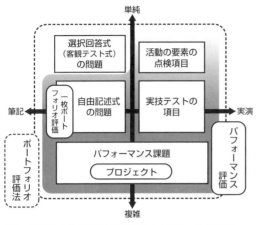

出典：西岡加名恵『教科と総合学習のカリキュラム設計』
　　図書文化，2016年より作成（一部省略）。

フォリオ評価が注目され
ています。さらには，パ
フォーマンス評価やポー
トフォリオ評価の信頼性
を確保するために，ルーブ
リック（評価指標）が教師た
ちのモデレーションによっ
て開発されています[5]。

　このように3観点を多
様な評価法ではかること
になると，教育現場では，
ある種の「評価疲れ」に陥

るのではないかという危惧が生まれることでしょう。もとより，1時間の授
業で3観点すべてを評価する必要はありません。明らかに3観点の波長は異
なり，おそらく1単元（または1題材）単位で評価することが求められるで
しょう。このように長期波動で観点をさまざまな評価方法を駆使して評価す
ることになると，やはり授業計画とともに評価計画を立てる必要があります。

　この評価計画を立てるに際して，貴重な提案を行っているのは，ウィギ
ンズ（Wiggins, G.）が創発した「逆向き設計」論です。「逆向き設計」とは，
以下のような要素と順序によってカリキュラムを設計することです。

---

〈逆向きの設計のプロセス〉
　「求めている結果を明確にする」（教育目標の明確化）
　　　　　　　　↓
　「承認できる証拠を決定する」（評価方法の選択・開発）
　　　　　　　　↓
　「学習経験と指導を計画する」（授業の計画）

---

　この場合，「逆向き」と称されるのは，従来の慣行とは異なって，その
設計プロセスがまずは「求めている結果を明確にする」と「承認できる証
拠を決定する」を決めたうえで，「学習経験と指導を計画する」という，達

成すべき成果とそれをはかる評価方法からカリキュラムを構想するからです。この「逆向き設計」論も日本の教育実践に貴重な示唆を与え，精力的に実践されるようになっています[6]。

## 3. 通知表のあり方と所見の記入

　そもそも，通知表とは，学校と家庭との連絡を行う数ある方法（学級通信や家庭訪問など）のひとつであり，教師と保護者が共同して，子どもたちの学習と生きる力を励ますフォーラム（共通の広場）を提供するものです。そのために，通知表には狭義の学習記録だけでなく，「総合所見」欄や生活状況に関する項目も設定されています[7]。

　とりわけ，「所見」欄は個人内評価を実施することが求められ，子どもたちの学習・生活集団場面での姿を全体的・発達的に記述・評価する必要があります。たとえ，目標に準拠した評価では振るわなかった子どもでも，その子どものがんばりや魅力も記述・評価することによって，それこそ子どもたちにとって学校は安全，安心な居場所となることが期待できるでしょう。

（田中耕治）

(1) 文部科学省『読解力向上に関する指導資料 PISA 調査（読解力）の結果分析と改善の方向』東洋館出版社，2006 年。
(2) 高口務〈国立教育政策研究所教育課程研究センター長〉『資質・能力を育成する教育課程のあり方に関する研究報告書1』2015 年 3 月参照。
(3) 石井英真，西岡加名恵，田中耕治編著『小学校 新指導要録改訂のポイント』日本標準，2019 年参照。
(4) 文部科学省委託調査『学習指導と学習評価に対する意識調査報告書』浜銀総合研究所，2018 年 1 月参照。
(5) 西岡加名恵，石井英真編著『教科の「深い学び」を実現するパフォーマンス評価――「見方・考え方」をどう育てるか』日本標準，2019 年参照。
(6) 奥村好美，西岡加名恵編著『「逆向き設計」実践ガイドブック』日本標準，2020 年参照。
(7) 田中耕治『教育評価』岩波書店，2008 年の第 6 章参照。

第**2**章

# 低学年の所見の書き方とポイント

# 1 低学年の所見の書き方とポイント

## 1 所見に書く事柄

### (1) 説明責任と学期・学年の学習状況

「うちの子は，学期（学年）に，学校でどんな学力を身につけ，行動がどう成長したのか」――これが保護者の関心です。また，学校が保護者に対して負う責任です。通知表は保護者に対して，学校の責任で目標を立てて指導した成果を報告する文書です。保護者が子どもと一緒に学習・行動の進歩を確かめ，これからの学習への意欲と見通しをもつ手がかりになる資料でもあります。

通知表で伝えたい学習状況のとくに大事な点について，具体的な事実を短く表したものが所見です。該当する学期の学習・行動の，目標に照らしたまとめの評価で，最も向上・進歩したポイントを書くようにします。

### (2) 学習・行動の目標に準拠した評価と所見

通知表の「観点別学習状況」欄や「評定」欄は，目標にどれだけ達したかを，目標に準拠した評価によって短い言葉や記号，数字などで表しています。しかし，それらだけでは，学習に取り組んでいる子どもの姿は見えにくいのではないでしょうか。「観点別学習状況」欄や「評定」欄で伝えきれない子どもの様子を，所見が補って伝えるという関係があるのです。

学期（学年）で，子どもがいちばん伸びた教科や学習事項，行動の様子を取り上げて，所見に書くようにします。なぜかというと，子どもの最も向上した点を認めることが，評価のポイントだからです。

そうかといって，ただほめればよいのではありません。確かな評価を背景にした事実でなければなりません。教師も，子どもも，保護者も納得できる所見こそ，今後の子どもの成長にはたらくことになるのです。

## 2 補助簿の生かし方

　ここでいう「補助簿」は，ペーパーテストの結果や子どもを観察した事実の記録だけでなく，週案，計画表とその実施記録，子どもの学習のファイル（ポートフォリオ）や作品など，評価に結びつく資料全体を指します。

　これらを生かし，次の2点を押さえて所見を書くとよいでしょう。

### (1) 漠然とした印象でなく，子どもの進歩した面をとらえる

　記憶や印象によって，漠然と「積極的に話す子」「体育が苦手な子」などととらえてはいけません。その子が目標に到達した度合いをとらえるのです。その様子を補助簿にメモしておき，所見に生かします。

　目標に準拠した評価では満足できない姿であっても，個人内評価で向上した面であれば，所見に取り上げる価値があります。

### (2) 資料を生かした「課題」への対応を工夫する

　ある子どもの学習状況が，教師の満足にかなり遠いことがあります。それが，学習・行動上の「課題」です。課題を所見に書くのは，ためらうでしょう。子どもが大人になっても残る通知表に，「だめでした」という言葉を書きたくないからです。そうかといって書かなければ，なぜ低い評価になったかの説明ができない——教師として悩むところです。

　そんな場合，課題のある学習状況でも，個人内評価では「ここまではできた」という「よさ」が見つかるはずです。まず，その「よさ」を補助簿の記録からとらえます。

　続いて，あともう少し進めばよかった学習目標を取り上げて，所見に組み入れます。さらに，その点について指導や支援をしていれば，そのことを書き添えるのです。このことにも，補助簿の記録が役立ちます。

　以上のような方針で通知表の所見を書くということを，学期末の個人面談などで，保護者に理解してもらっておくのは，大事なことです。

## 3 所見の要素と組み立て

　所見に何を書いたらよいかがはっきりしてきたら，次は実際にどう書くかということになります。所見をいくつか書いてみると，必要な要素と文の組み立て方に基本的なパターンがあることに気づきます。

### (1) 向上した面だけを書く型

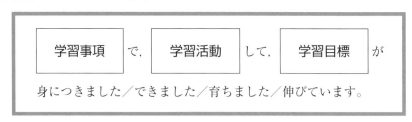

　□で囲んだ言葉は，所見の要素です。要素をつなぐ言葉は，例示したものに限らず，文の意味がとおるように変えてください。
　型を使って，下のように所見を作ることができます。
　・ 学習事項 ……知らせたいことを書く学習で，
　・ 学習活動 ……書きたいことをカードに書き出して，
　・ 学習目標 ……わかりやすい文章を書くことができました。
「知らせたいことを書く学習で，書きたいことをカードに書き出して，わかりやすい文章を書くことができました。」
　これは，評価規準に到達した事例を具体的に書いた所見です。こういう事例が，もっと広い意味のどんな学力の進歩につながっているのかを伝えたいときには，上の所見の前か後ろに，そういう意味の文を付け加えるとよいのです。たとえば，次の□のようにです。
「文章を書く力が向上しました。知らせたいことを書く学習で，書きたいことをカードに書き出し，わかりやすい文章を書くことができました。」
　この表現は，進歩・向上した事実を具体化し，強調する意味を表します。

**18**

## (2) 向上した面と不十分な面の両方を書く型

| 学習事項 | で， | 個人内評価では良好な学習目標，活動 |

ができました／しようとしました／しました。

| まだ 少し 少々 やや | 未到達な目標が | 難しいよう 十分ではない もうひと息 できるとよい | なので， ので， |

指導しました／助言しました／支援しました。

　個人内評価で，目標に近い良好な面を初めに書き，目標に未到達な面を付け足すようにします。

「知らせたいことを書く学習で，書きたいことをカードに書き出すことができました。まだ，わかりやすい順序で書くことが難しいようなので，その点を指導しました。」

　この文例にある「指導しました」は，その子どもが書いた文章について，事後に指導していないと書けません。

　子どもにとって，学期（学年）を通した学習の成果が問われるのが通知表です。受け取った保護者と子どもが，納得した気持ちで次のステップに向き合えるような所見を書きたいものです。

　もし，今学期には間に合わないけれど，不十分な点を実際に指導，支援し，そのことを所見に書こうと考えるならば，たとえば，次のように書くとよいでしょう。終わりに書く言葉を下の　　　　のように表すのです。

「知らせたいことを書く学習で，書きたいことをカードに書き出すことができました。まだ，わかりやすい順序で書くことが難しいようなので，その点をさらに指導します。」

## (3) 評価の観点ごとの言葉例

### 知識・技能

・学習内容の理解　　　　　　・学習の行い方
・関わりの理解　　　　　　　・取り組みができること
・表し方の理解　　　　　　　・表し方を工夫すること
・言葉（用語）の理解　　　　・豊かな感覚をもつこと
・気づくこと　　　　　　　　・材料や用具を安全に使うこと
・構成の理解　　　　　　　　・わざを身につけること

### 思考・判断・表現

・順序よく，正しく読み取る力　・事柄の順序を考える力
・考える力　　　　　　　　　・工夫する力
・大切なことを正確に聞く力　・知識や技能を生かす力
・自分の体験と結びつける力　・感じたこと・想像したことから表現する力
・自分の感覚を生かす力　　　・自分の思いや考えを表現する力
・相手の発言の意味をくみ取る力　・伝える力

### 主体的に学習に取り組む態度

・進んで取り組もうとする意欲　・主体的に取り組む態度
・知識を使おうとする意欲　　・学習を振り返る態度
・関わりをもとうとする意欲　・友達と一緒に協力する態度
・取り組みへの興味・関心　　・楽しんで学習する態度
・学習への関心　　　　　　　・取り組みを振り返る態度
・学びのよさや楽しさに気づく　・行動に気をつける態度

　教科・領域によって評価の観点の趣旨には違いがあります。しかし，上にまとめた言葉をもとに，教科・領域に合った言葉に置き換えることで，さまざまな教科・領域について述べることができるはずです。

# 4 用字用語の留意点

## (1) 「正しい」用字用語

　所見に限りません。学校が渡す文書は，「正しい」用字用語で書くことが大事です。「正しい」とは，「常用漢字表」「現代仮名遣い」「送り仮名のつけ方」や教科書の表記などに沿っているという意味です。こういう用語は，趣旨としては社会の人々を拘束するものではないし，許容もあります。ですが，子どもに指導する立場で言葉を選び，表記する必要があるわけです。所見を書くときに，国語辞典を手元に置くことをお勧めします。

　たとえば，こんな点に注意します。「→」の右側が正しい表記です。

▲見出す→見いだす，心よい→快い，真面目→まじめ

・「常用漢字表」の漢字の使い方に沿うようにします。

・常用漢字表にある漢字を，ぜひとも使わなければならないというわけではありません。感じを和らげる，使い分けが難しいなどの理由で，仮名で書く場合があるのは当然です。

▲〜のとうり→〜のとおり，一つづつ→一つずつ

・「現代仮名遣い」に沿うようにします。

▲有難み→有り難み，行なう→行う

・「送り仮名の付け方」に沿うようにします。

▲ゴミ→ごみ，コツコツと→こつこつと（擬態語だから）

・片仮名を学習に沿って使うようにします。

・動植物名は原則として片仮名。教科書が平仮名表記ならそうします。

▲看護婦→看護師，伝染病→感染症

・公的に言い方を改めた言葉を使います。

また，当然のことですが，人権に関わる言葉などに十分注意します。

・差別感を感じさせる言葉…▲男（女）らしい　▲クラス一の人気者

・好悪や優劣を表す言葉……▲好感がもてます　▲友達がいやがる仕事

・相対評価のような言葉……▲一番早くできました　▲優れています

## (2) 適切な表現・言い回し

　所見を書く相手は保護者で，目的は学校教育への保護者の理解です。このことを押さえた表現・言い回しを工夫します。

　どんな言い方をするとよいかを考えるために，不適切な例を挙げ，その理由と改善の方向を述べます。「→」で示した改善例は，ひとつの言い方です。所見の内容と文脈によって工夫してください。

　▲〜が上手でした。→的確に〜することができました。

　・「上手に」「立派に」「見事です」などは，それだけでは何をどう達成したのかがわかりません。具体的な評価規準の内容を押さえます。

　▲〜してくれました。／〜してもらいました。→〜しました。

　・学習の一環としての行動，活動です。教師のためにしてあげたり，教師がしてもらったりしたように書かないほうがよいのです。

　▲〜しましょう。→（使わないようにします）

　・子どもに何かを伝え，呼びかけるなら，直接話すか，通知表に子どもあてのメモか手紙を添えればよいでしょう。説明責任を果たす相手は保護者です。「しましょう」では，失礼な言い方になります。

　▲お願いします。／〜ようにしてください。→（使わないようにします）

　・保護者に具体的な協力を求める必要があれば，所見ではなく相談の機会を設けて話し合うようにします。

　▲〜はできました。→〜ができました。

　・意図しないで「は」を使うと，それだけはできたけれど，そのほかはできていない，という意味にとられるおそれがあります。

　▲〜すれば，〜になります。→〜ように指導します。

　・たとえば，「計算違いをなくせば，問題に正しく答えられます」のような所見です。「計算違いが見られるので，指導をしていきます」という所見と比べてみてください。

　▲中心になって〜しました。→（使わないようにします）

　・目立つ活動だけでなく，併せて目標への到達状況を書くようにします。

# 5 「よい点」「不十分な点」のとらえ方

## (1)「よい点」のとらえ方

「元気です」「手先が器用です」——こういう点は，性格か素質です。学習指導で向上した学力，行動とはいえません。印象だけで書くと，つい，こういう言葉を使いがちになります。

通知表の所見としては，「体育の学習を通して，進んで運動し，元気に生活する態度が育ちました」「図工の用具や楽器などを扱う体験を重ね，技能がいっそう向上しました」のように，その学期に学習指導によって伸びた点を書くことが望ましいのです。行動についての所見も，道徳科や特別活動などの学習を通して望ましく変容した点をとらえます。

## (2)「不十分な点」のとらえ方

学期（学年）の学習・行動で，子どもの最も向上させたい点をとらえます。ある単元の学習で，主目標には到達しないが，もう少し指導を重ねれば向上すると考えられる点をとらえるのです。

学習は，単元が学期ごとに変わりますし，評価規準も変わります。所見に取り上げる「不十分な点」の事柄も変化します。

けれども，それは通知表の所見を待つまでもない事柄です。学期の指導の過程で，家庭と連絡をとっていると思います。仮に，学期末に課題として残ったなら，個人面談などで直接保護者と相談するようにします。

とくに，学校での集団活動としての特別活動，発達の障害や家庭環境などの影響も考慮すべき行動に対しては，所見のわずかな文で，どれほど保護者の理解と協力が得られるでしょうか。不十分な点については，所見でなく保護者との直接のコミュニケーションによって解決を図りましょう。また，そういう方針も，保護者に事前に伝え，理解してもらっておきます。本書では，不十分な点もこれからの目標として前向きにとらえることができるような表現にして△で表しています。参考にしてください。

## 6 知っておきたい低学年の特徴

### (1) 発達段階と発達課題

　体や心が向上し，能力が高まる過程が，子どもの発達です。それには段階があり，次の段階に移るために必要な体験が発達課題です。低学年では，たとえば次のような発達段階を考慮して所見を書くようにします。子どもの発達には個人差が大きいことも考える必要があります。

　　○学習や遊びで，仲間の意識で協力できるのは2〜3人です。

　　○自分中心の見方を脱して，具体的な物事やイメージで考えられます。

　　○席や家が近いなどの条件で選んだ友達とよく遊びます。

　　○大人の言葉や行動が，価値判断の基準になります。

　　○しりとり，逆さ言葉などの言葉遊びを楽しみ，お話を好みます。

　　○自分の欲求が満たされないとき，自分をコントロールしにくいです。

　　○全身を大きく使う運動が適し，手足の器用さは十分ではありません。

　　○機械的な（意味を考えない）記憶が得意です。

### (2) 学習内容と評価規準の段階

　学習指導要領の内容や教科書の教材は，子どもの発達段階を考慮して設定されています。通知表も学習指導要領の内容をもとにした，学校の教育課程に沿っているはずです。ですから，「観点別学習状況」欄や「評定」欄を補完する働きをもつ所見は，評価規準を押さえて，子どもを客観的にみて書かなければならないのです。

　発達とその段階に個人差があるので，今はまだ評価規準に到達していなくても，指導を続けていけば，もう少し先に到達できる場合があるでしょう。進歩の途中なら「育っています」「伸びるはずです」，到達しているなら「身につきました」「できます」のように，文末で区別するような書き方も工夫のひとつといえます。

（矢島好日子）

# 2 管理職がみる所見のポイント

　管理職は，基本的に子どもたちのことをいちばんよく理解している担任が書く所見の内容を尊重します。管理職がみるポイントは，所見がたんにある場面を切り取って書かれているのではなく，指導の結果として子どもが向上したことについて書かれているか，子どもや保護者の立場に立って子どものよい面を中心に書かれているかなどです（文の書き方や表現などについては本章の1を参考にしてください）。以下，そのポイントについて述べていきます。

## 1 教科学習について

　所見は指導を通して子どもが向上した面を中心に，「目標に準拠した評価」に基づく「個人内評価」を書きます。たとえば，「○○の学習に熱心に取り組んで，○学期を過ごしました」というような表現では，何がどのように向上したのかわかりません。本書の文例にあるように，どのような場面で，どのような行動が見られ，どのように評価したかを具体的に書くことが大切です。

　1年生の1学期の通知表は，子どもや保護者にとって，入学して初めてもらうものになります。個人面談のときなどに，どのような方針で通知表（所見）を書くのかを伝え，理解してもらっておきます。通知表には，保護者に伝えるとよい，子どもの学校生活の様子を具体的に書くことが大切です。

　たとえば「生活科の学校探検で，案内した2年生に，大きな声ではっきりと，知りたいことを質問できました。進んで学習する態度が育っています」のように，教科，活動内容，向上した面を書くようにするとよいでしょう。

## 2 評価と所見について

　評価と所見が一致していることも大切です。たとえば，算数科の「主体的に学習に取り組む態度」が「もうすこし」の評価なのに，所見に「いつも積極的に手を挙げて発言しています」と書いてあったら，ちぐはぐな印象をもたれます。このような所見であれば，評価は「たいへんよい」か「よい」になるはずです。もし評価が「もうすこし」であるなら，「ここができていない」というような否定的な言葉ではなく，個人内評価としてその子どもの伸びた点を書くようにします。

　たとえば，2年生の算数科の「知識・技能」で「もうすこし」の評価をつけたとき，個人内評価として，所見に次のように書いて今後につなげていくようにします。「かけ算九九の学習で，ときどきとばして言ってしまうことがありました。ゆっくりでよいので，正確に言えるように支援しています。熱心に練習していますので，来学期には正確に言えるはずです」。このように，子どもや保護者が学期中の成長を確かめ，次のステップへの意欲と見通しがもてるようにすることが大切です。

　目標に準拠した評価を踏まえて，子どもや保護者に「このことができて，もっと勉強が楽しくなるように指導していきます」ということが伝わるような書き方にすると，担任への信頼につながります。

## 3 学校生活について

　所見は教科学習等や道徳科のほか，学校生活全体に目を向け，特別活動や行動に関わって書く場合もあります。教科学習等や道徳科と同様に，子どもが向上した面が書かれていることがポイントになります。（道徳科の所見の書き方については，第4章を参照してください）

### ●友達関係

　低学年の保護者は，子どもの友達関係が不安の種になることも多いです。授業中だけでなく，休み時間の様子も知りたいと思っている場合があ

ります。そのような場合，友達との関わりのなかで，とくに思いやりや優しさが表れているような場面，友達と仲良くしている場面などを書くと，保護者が安心感をもつことができるでしょう。

　たとえば，行動（思いやり・協力）に関わって，「休み時間には，教室に残っている友達を誘って校庭へ遊びにいき，みんなが楽しく遊べるように工夫した遊びを考えていました」のような書き方もあります。

●学校生活

　1年生なら，学級の一員ということを自覚し，自分の役割を果たしていることや，2年生なら，学級生活をよくするため進んで役割を果たしている姿について書くこともできます。たとえば，特別活動（学級活動など）と関わって，「掃除当番は，学級のみんなで分担する仕事だと理解しています。進んで掃除当番の友達と仲良く掃除ができました」などの書き方です。

　「朝の会」や「帰りの会」でも，子どもたちのよい面をたくさん見つけることができます。特別活動（学級活動）と関わって，「帰りの会では，友達のよいところについて発言していました。友達のよい面をたくさん見つけ，認めようとする態度が育っています」のような書き方もあります。

　普段，保護者から見えにくい姿，たとえば給食の時間について，子どもがどのような活動をし，向上しているのかについて書くこともできます。特別活動（学級活動）と関わって，「食べ物を口に入れている間はよくかんで，おしゃべりをしないなど，学習した食事のマナーを守りながら，友達と楽しく給食を食べることができます」などの書き方もあります。


　このように，学期間の目標を踏まえ，子どもが成長・向上したことを取り上げて，具体的にわかるように書くことが求められます。管理職が所見をみるポイントと，担任が所見を書く意図が，「学校教育の成果を報告する」という点で一致していることが大切です。

（浅井正秀）

# 3 特別な支援が必要な子どもの所見の書き方とポイント

## 1 低学年における特別な支援の考え方

　学校生活を始めた低学年初期は，子どもの学びにくさに気づく重要な時です。通常の学級においても発達障害をはじめさまざまな障害のある子どもが在籍することが多くなりました。

　集団行動がとりにくかったり，友達とのコミュニケーションが難しかったりするなど，行動面での困難さは就学前から早期に把握して支援が受けられることも増えました。一方，学習面での困難は就学後に気づくことがあります。音読のたどたどしさ，書字の困難など一斉指導で難しさを感じた場合には，その子どもの学習の様子を詳しく観察したり，習得状況を丁寧に分析したりしていくことが必要です。

　発達障害が考えられる場合は，学年担任会や校内委員会での検討のほか，必要に応じて専門家の助言を受けるなどして，早急に適切な学習支援の手立てを検討し，保護者了解のもと個別の指導計画，個別の教育支援計画を作成して指導します。

　発達障害等の特別な支援が必要な子どもの場合，その認知特性に応じた適切な指導方法で，本人が学びやすい手立てを考えて支援しなければ，効果が出ないばかりか中学校・高等学校での学習が非常に困難になり，不登校要因になることも多いとわかってきました。保護者や本人との継続的な相談支援，デジタル教科書等の音声教材やICT活用など早期からの有効な支援の手立てがあれば，そのあと長く続く学校での学びも相談支援も円滑になります。

　低学年での「気づき」は学習支援の重要なスタートであるといえます。

## 2 特別な支援が必要な子どもの指導と評価

　2017（平成29）年に改訂された学習指導要領では，幼稚園，小学校，中学校，高等学校すべての校種において，特別な配慮支援を必要とする子どもへの指導について記述されました。これは，特別支援教育に関する教育課程編成の基本的な考え方や個に応じた指導を充実させるための教育課程上の留意事項などが一体的にわかるよう，どの校種でも同様に示して充実を図ろうとするものです。

　障害のある子どもについては，特別支援学校，特別支援学級，通級による指導を利用する場合は必ず個別の教育支援計画および個別の指導計画を作成することとなりました。通常の学級においても，通級による指導を受ける場合に限らず，発達障害をはじめ学びにくさのある子どもが在籍している場合には，その障害の特性を把握し，個に応じた支援の手立てを検討して，指導に当たることが大切になります。

　学習指導要領の総則「児童の発達の支援」と併せ，各教科等の「指導計画の作成と内容の取扱い」には「障害のある児童などについては，学習活動を行う場合に生じる困難さに応じた指導内容や指導方法の工夫を計画的，組織的に行うこと」と示されています。

　人数の多い通常の学級で個別の指導計画を作成することは，担任一人ではなかなか大変な作業になりがちですが，特別支援学校の巡回相談チームの活用や特別支援教育コーディネーター，校内委員会等のチーム支援を要請するなど，学校体制として支援が継続できるようにしていきます。

　気づきの視点が多くても，すべてを目標に盛り込むと担任も子どもも疲れてしまいます。日々の授業で担任が意識でき，子ども自身が少し努力することで達成できる目標を焦点化して，スモールステップで実施できるようにします。子どもの学習意欲，達成感を育てることが大切です。

　就学相談等で就学前から支援計画がある場合は保護者の了解のもとに早めに引き継ぎ，学校生活がスムーズに始められるように連携します。

アセスメントにもとづく個別の指導計画を作成して実施する，丁寧な早期支援が望まれます。

## ③ 特別な支援が必要な子どもの所見の書き方と文例

　特別な支援が必要な子どもの所見を書く際には，その子どもの困難な状況を列挙するのではなく，個々の指導目標と支援の手立てを踏まえ，目標について達成できたか否かを書くようにします。個別の指導計画がある場合にはその目標・手立てと一致するように留意します。子どもの得意なことを生かした指導が大切ですが，困難な状況を改善するための指導が目標になる場合には，その状況からどのように力をつけてきたかを丁寧に伝えることが重要です。

　各教科指導において合理的配慮を行う場合には，その手立てが有効か否か，継続するか否かの所見も忘れず記入し，継続できるようにします。

　本人の思いに耳を傾けるとともに，保護者との相談を継続するなど良好な信頼関係のもとに十分なコミュニケーションを図るようにしましょう。

　また，専門家チームの支援を受けていたり，通級による指導を利用したりしている場合には，所見を書くにあたって，個別の指導計画の作成に関係する担当者同士で相談することも大切です。こうすることで，子どもの様子を総合的にとらえた所見を書くことができます。

## 1. 学習面に困難がある子ども

### 子どもの様子（例）

- 文章を読むのがたどたどしい
- 書くことが難しい
- 手指の巧緻性に課題がある

◇　読むところを指で押さえて読むなどの工夫をして，読みの練習に熱心に取り組みました。文字や言葉をとばさず順々に読むことができるようになっています。

◇　平仮名や片仮名について，「空書き」をしたり，地面に大きく書いたりするなどの身体を使った動きでイメージをつかみました。字形を正しく覚えることができています。

◇　ノートのます目を大きくし，量を減らしてしっかり書く練習をしました。文字のまとまりを意識して文字を書けるようになりました。

◇　読みがたどたどしく時間がかかるので，家庭学習で音声教材を聞いて予習し，授業で理解を深めるようにしました。

◇　鉛筆の持ち方がぎこちなく過度に力が入るため，ます目に合わせて書くと疲れてしまうようでした。ノートのます目を大きくし，鉛筆フォルダーを用いるなどの工夫をして練習に取り組み，文字のまとまりを意識して書くことができるようになりました。

## 2. 行動面に困難がある子ども

> **子どもの様子（例）**
> - 落ち着きがない
> - 着席ができない
> - 最後まで話が聞けない

◇　授業中に外を見ているなど，集中が続かないことがありましたが，担任が声をかければ授業の流れに戻ることができるようになりました。授業に集中する力が育っています。

◇　授業中に黒板消し係として手早く黒板を消したりするなど，進んで活動しました。活発な長所を生かしながら，15分程度の着席を続けることもできるようになりました。

◇　授業の始めにクラスで着席ゲームをし，担任の合図で着席するルールを学びました。始業時には合図を見て，きちんと着席できるようになりました。

◇　担任の3つの指示を聞いてから課題に取り組むルールで，グループ学習をしました。友達と課題を確かめ合ってから，学習に取り組むことができるようになりました。

◇　知っていることを発表したい気持ちが強く，とても意欲的です。そのため最後まで話を聞かずに，すぐに答えてしまうこともありましたので，教室での発言ルールを指導しました。指名されてから答えられるようになってきています。

## 3. 対人関係の面に困難がある子ども

### 子どもの様子（例）

- 学級集団になじめない
- 予定の変更を受け入れにくい
- ルールが理解しにくい

◇　係の仕事をしないで帰りそうになって，友達と少しもめることがありました。しかし，係の班長がどんな仕事をするのかをていねいに伝えると，自分から気持ちよく取り組むことができました。

◇　友達に対して自分の思いがうまく伝えられないときは，担任とやりとりをして，落ち着いてから話すことができるようになりました。自分の思いを伝える力が育っています。

◇　急な予定変更を伝えられると動けなくなってしまうことがありました。早めに変更の予告を聞いたり，絵カードで確かめたりすることで，受け入れられるようになりました。

◇　遊びに入りにくい様子が見られましたので，ルールのわかりやすい遊びを繰り返すことで，ゲームにはルールがあることを学べるよう支援しました。ルールを理解して，友達と一緒に楽しく遊ぶことができるようになっています。

◇　発表の順番を待ったり，列に並んで待ったりすることができるようになりました。学習のルールを紙に書いて覚えることを支援しています。

## 4. 通級指導を受けている子ども・特別支援学級に在籍している子ども

### 子どもの様子（例）

- 発音の指導を受けている
- 読み書きの指導を受けている
- 学校生活の枠組みを学んでいる

◇　通級指導教室で「サ行音」が正しく発音できるようになりました。学級でも短い段落をゆっくりと発音に気をつけて読むことができ，自信がつきました。

◇　繰り返しのフレーズの多い詩を教材にして読みの練習をし，リズム感を楽しみながら読むことが好きになりました。少しずつ長い文章に挑戦できるよう，支援していきます。

◇　通級指導教室で，粘土で文字の形を作る遊びを通して字形を理解することができ，画数の少ない漢字は線の数を間違えずに書けるようになりました。

◇　デジタル教科書を用いて読み，書きやすいフォントに拡大して書く練習をしました。

◇　大好きな絵本を教材にごっこ遊びを楽しみ，役割遊びから劇づくりをしました。舞台の絵を図工で，途中の歌を音楽で学習し，発表することで友達と楽しんで取り組む態度が身につきました。

（鋒山智子）

第 **3** 章

# 教　科 [領域・観点別]

**1** 国語 [1年・2年]

**2** 算数 [1年]

**3** 算数 [2年]

**4** 生活 [1年・2年]

**5** 音楽 [1年・2年]

**6** 図画工作 [1年・2年]

**7** 体育 [1年・2年]

＊「総合所見」──学期の総合的な所見

＊凡例
- ◎ 十分到達している
- ○ おおむね到達している
- △ もうひと息（向上する点）

## 総合所見

### 主な学習項目

**知識及び技能**

言葉の特徴や使い方
- 長音，拗音，促音，撥音
- 助詞「は」「へ」「を」
- 主語と述語との関係
- 音読

情報
- 文中の情報と情報の関係

言語文化
- 昔話や神話，伝承など
- 書く姿勢，用具の持ち方
- ていねいに書く，筆順

**思考力，判断力，表現力等**

話すこと・聞くこと
- 身近なこと，経験
- 事柄の順序
- ていねいな言葉と普通の言葉
- 声の大きさや話す速さ

書くこと
- 経験，想像
- 簡単な構成
- 内容のまとまり
- よいところの見つけ合い

読むこと
- 時間的な順序，事柄の順序
- 内容の大体
- 重要な語や文

### 評価の言葉（例）

**知識・技能**
- 平仮名,片仮名,漢字を読み書きする
- 句読点やかぎ（「 」）を使う

**思考・判断・表現**

話すこと・聞くこと
- 事柄の順序を考えて話す
- 大事なことを落とさないように聞く
- 相手の発言を受けて話をつなぐ

書くこと
- 経験したことや想像したことを書く
- 簡単な組み立てで書く
- 事柄の順序を考えて書く
- 言葉や文の続き方を考える

読むこと
- やさしい読み物を読む
- 順序よく，正しく読み取る
- 登場人物の行動を想像する
- 自分の体験と結びつけて感想をもつ

**主体的に学習に取り組む態度**
- 進んで○○する
- ○○に関心をもつ
- ○○しようとする
- ○○する態度が育つ

◎ 物語のおもしろさに興味をもち，相手にわかりやすく感想を話すことが
できました。また，場面の様子を思い浮かべながらはっきりした発音で音
読し，場面に合った動作化もできました。

◎ 物語の感想を発表したとき，おもしろかったところとそのわけを，みん
なにわかるように話すことができました。また，文章を書く力が伸び，順
序をよく考えて書くことができました。

◎　文章の大切な言葉や文にサイドラインを引きながら読み，内容を正確に読み取ることができました。話を聞く学習でも，学んだことを生かし，大切なことを落とさずに聞き，感想を伝える姿が見られました。

◎　時間や事柄の順序に気をつけて説明文を読み，書いてある内容を表にまとめることができました。また時間や事柄の順序に沿って，組み立てを考えながら文章を書くことができました。

○　学校であったことを家の人に伝えるという学習で，相手と目的を考えて文章に書くことができました。説明文を読む学習では事柄の順序をおさえて，書いてあることを正しく読み取りました。

○　物語の場面の展開を追って，登場人物の行動と様子を読み取ることができました。声の大きさや発音に気をつけて，気持ちをこめて音読をしました。

○　漢字のでき方の学習に興味をもちました。「山」や「木」などの絵のような形から漢字ができたことを知ってから，そのほかの漢字のでき方を進んで調べ，わかったことを話すことができました。

○　説明文の順序を表す言葉をおさえて，内容を正しく読み取ることができました。また，文章を書くときにも順序を表す言葉を使うなど，学習したことを作文に生かすことができました。

△　見たり聞いたりしたこと，経験したことから，先生や友達に聞いてもらいたいことを見つけ，進んで話しました。文章に書いて伝える力にもつなげられるように指導していきます。

△　わらべうたの言葉の響きを楽しんで音読することができました。学校図書館の本の中から好きな歌を探して紹介しました。友達の紹介するわらべうたにも耳を傾けるように助言しました。

### (1) 知識・技能　　　　　　　　　　　　▶所見のポイント

- 姿勢や口形，発声や発音に注意して話す
- 身近なことを表す語句の量を増やし，話の中で使う
- ていねいな言葉と普通の言葉との違いに気をつけて話す

◎　みんなの前で，はっきりとした発音でスピーチをすることができました。聞き手の方を見て，背筋を伸ばし，よい姿勢で話しました。

◎　「つる」「芽」「つぼみ」など，新しく覚えた言葉を適切に使い，育てている植物の成長の様子を説明して，自分の語彙を増やすことができました。

○　友達と話し合う学習で，言葉遣いに注意して自分の考えを話すことができました。

○　二人で話し合う学習で，はっきりした発音で，相手にわかるように話していました。話を聞く立場になると，相手が話しやすいように，うなずきながら聞くことができました。

△　ていねいな言葉と普通の言葉との違いに関心をもち，どんなときにていねいな言葉を使うのかがわかりました。実際に区別して使えるよう指導していきます。

### (2) 思考・判断・表現　　　　　　　　　▶所見のポイント

- 事柄の順序を考えて話す
- 声の大きさや速さを工夫して話す
- 大事なことを落とさずに聞く
- 関心をもって話を聞く
- 話の内容をとらえて感想をもつ
- 相手の発言を受けて話をつなぐ

◎　話し合いの学習で，友達の話したいことを落とさずに集中して聞き，わからないことを尋ねたり，感想を述べたりして，話し合いを活発にすることができました。

◎　おもちゃの作り方を教える学習で，間違えやすいところを正しく伝えようと，実物を見せながらとくに大きな声でゆっくり話す工夫をすることができました。

○　見たり聞いたりしたこと，経験したことのなかから，先生や友達に聞いてもらいたいことを見つけて，順序を考えて相手に伝わるようにはっきりと話すことができました。

○　大事なことを落とさずに対話することができました。次に自分が話を続けられるように，相手の話をよく聞いていました。

△　友達の発表を興味をもって聞くことができました。聞いている途中で注意がそれることがありましたので，話をする人の顔を見て，自分の考えとどう違うのかを考えながら聞くように助言しました。

---

### (3) 主体的に学習に取り組む態度　▶所見のポイント

- 事柄の順序を考えながら進んで話す
- 相手に応じた話し方をしようとする
- 大事なことを落とさないように熱心に聞く
- 興味をもって話を聞く
- 話題に沿って話し合おうとする
- 課題に向かって粘り強く取り組む
- 学びを振り返り，今後の学習や生活に生かそうとする

---

◎　宝物を紹介する学習で，遊びの紹介をした経験を振り返って，事柄の順序を考えて話すという課題を明確にもち，進んで宝物を紹介しようとしました。友達の紹介を熱心に聞き，質問をする姿が見られました。

◎　言葉の学習で，言葉には気持ちを動かしたり，伝えたりする働きがあることに気づきました。積極的にうれしくなる言葉を使って話そうと，学習の振り返りに今後の言語生活を変えようとする記述が見られました。

〇　おもしろかった本の発表をしたとき，おもしろかったところとそのわけをわかりやすく話しました。さらに，友達の話を，おもしろかったところとそのわけに気をつけて，興味をもって聞くことができました。

〇　二人一組になって話し合う学習をしたとき，相手の質問をよく聞いて答えました。また，相手の考えのよくわからないところを進んで聞き返すことができました。

△　「グループで話し合う学習」で，話題に関心をもって積極的に意見を言うことができました。つい自分の興味があることへと話がそれることがありましたので，話題に沿って話すように指導しました。

## 2. 書くこと

### （1）知識・技能　　　　　　　　　　　　　　▶所見のポイント

- 長音・拗音・促音・撥音，助詞「は」「へ」「を」を正しく表記する
- 文や文章の中で，平仮名，片仮名，漢字を正しく書く
- 句読点やかぎ（「 」）を正しく使う
- 言葉の働きがわかり，意味による語句のまとまりに気づく
- ていねいな文字で文や文章を書く

◎　姿勢や鉛筆の持ち方を正しくすると整った字が書けることがわかり，文をていねいな文字で書くことができました。

◎　外来語や外国人の名前，擬声語や擬態語など，片仮名で書く言葉の種類を理解し，文や文章の中で片仮名を正しく使うことができました。

〇　教科書の五十音図を見ながら 2 〜 3 文を続けて文章を書けるようにな

りました。文字も句読点も正しく書くことができます。

○　何度も書く練習を重ねて新しい漢字を覚え，文や文章の中で使うことができました。

△　助詞の「は」「へ」「を」の使い方がわかりました。文を書くときに，うっかりして正しく使えないことがありましたので，これらの助詞の使い方に慣れるように指導を続けます。

---

**(2) 思考・判断・表現**　　　　　　　　　▶所見のポイント

- 順序に気をつけて書く
- 簡単な構成を考えて書く
- 語と語や文と文の続き方に注意して書く
- 書いた文を読み返して間違いを正す
- 内容や表現のよいところを見つける

---

◎　校庭で見つけたこと，友達と遊んだことなどについて「せんせい あのね」で始まる短い文章をいくつも書きました。順序よく，始め・中・終わりを意識して，わかりやすく書くことができました。

◎　「おはなしをつくろう」の学習で，一枚の絵から登場人物の行動や出来事を想像し，「　」を使って会話を交えながら楽しい物語を書くことができました。何度も読み返し，間違いを直す姿も見られました。

○　おもしろかったことを文章に書くという学習をしました。自分が経験した楽しい遊びを，読む人に楽しさがよく伝わるような組み立てを考えて，工夫して書くことができました。

○　おもしろいと感じたり，新しく発見したりしたことを詩に書きました。短い言葉で表そうと適切な言葉を考えて書きました。また，書いたあとに読み返して，字の間違いを見つけて正すことができました。

△　遠足に行ったときのことを思い出して書く学習をしました。楽しかった
　　ことをたくさん書きましたが，事柄の順序がやや前後していましたので，
　　時間の順に出来事を書くと順序よく書けることを助言しました。

## （3）主体的に学習に取り組む態度　　　　　▶所見のポイント

- 経験したことや想像したことを進んで書く
- 事柄の順序を考えて書こうとする
- 書いたものを読み合い，感想を伝え合おうとする
- 文章の文字を正しくていねいに書こうとする
- 課題に向かって粘り強く取り組む
- 学びを振り返り，今後の学習や生活に生かそうとする

◎　身近な出来事を文章に書くことに関心をもちました。順序よく思い出し
　　て書いた文章を間違いがないかどうか自分で見直して，担任や友達に読ん
　　でもらうことを楽しんでいました。

◎　お礼の手紙を書く学習で，感謝の気持ちを相手に伝えるという目的を常
　　に意識し，言葉の使い方に気をつけて書こうとしました。手紙への関心を
　　高め，これからも手紙を書きたいと振り返る姿が見られました。

○　文と文とのつながりに気をつけて文章を書くことに関心をもちました。
　　進んで題材を選び，事柄のつながりを考えながら順序よく書くことができ
　　ました。

○　手紙を書くことに関心をもちました。読み聞かせをしてもらってうれし
　　かったことやお礼の気持ちを早く書きたいと意欲的でした。心のこもった
　　お礼の手紙を書きました。

△　文章を書く意欲がありますが，出来事を思い出した順に書くので，事柄
　　の順序がよくわからない文章になってしまうことがありました。時間の順
　　に並べるよう助言し，励ましています。

## 3. 読むこと

### （1）知識・技能　　　　　　　　　　　　　▶所見のポイント

- 語のまとまりや言葉の響きに気をつけて音読する
- 敬体の文章に読み慣れる
- 昔話や伝承などの読み聞かせを聞いたり，物語などを読む
- 読書に親しむ
- 主語と述語の関係に気づく

◎　「です」「ます」を使った文章を読むことに慣れ，物語の本をたくさん読むことができました。また，はっきりした発音で，意味のまとまりを考えて音読することもできました。

◎　学校図書館の使い方を身につけ，多くの本を借りて読み進めました。とくに科学読み物を好み，新たな知識を得る読書のおもしろさに気づくことができました。

○　文章を読むときに，「だれが，どうした」「何が，どうだ」と，主語と述語の関係に注意して正しく読み取ることができました。読む力が伸びています。

○　昔話の読み聞かせでは，独特の口調や繰り返されるリズムに気づき，楽しむ姿が見られました。

△音読するときに，言葉のまとまりをとらえるのが難しかったようです。ゆっくりでよいので，一つ一つの言葉の意味をわかって読めるように支援しています。

## (2) 思考・判断・表現 ▶所見のポイント

- 時間や事柄の順序に気をつけて読む
- 文章の中の重要な語や文を選び出す
- 登場人物の行動を想像して読む
- 文章と自分の体験とを結びつけて感想をもつ
- 文章を読んで感じたことやわかったことを伝え合う

◎ 　動物の育ち方を説明した文章を読む学習で，時間や事柄の順序を考えながら読む力が伸びました。また，文章の内容と自分の経験を結びつけて，思ったことや考えたことを話すことができました。

◎ 　物語を読む学習で，文章の言葉を手がかりに登場人物の行動を具体的に想像することができました。想像したことを表現豊かに動作化し，学級全体の読みを深めました。

○ 　説明文を読む学習で，時間や場面の変化に気をつけて読むことで，説明されている内容を正しく読み取ることができました。

○ 　おもちゃの作り方を説明した文章を読む学習を通して，作る手順をおさえ，書いてある内容を確実に読み取ることができました。順序を考えて正しく読み取る力が進歩しています。

△ 　物語を読む学習で，登場人物の会話に着目して読みました。場面の様子や人物の行動にも着目し，あらすじをとらえることができるように指導していきます。

## (3) 主体的に学習に取り組む態度 ▶所見のポイント

- 進んで読み物を読む
- あらすじなどを考えて読もうとする
- 楽しんで読む
- 課題に向かって粘り強く取り組む

●学びを振り返り，今後の学習や生活に生かそうとする

◎　お話を読む学習で，場面の様子や人物の気持ちを想像しながら読む楽しさがわかったようです。言葉のまとまりに気をつけて音読したり，さらにお話の本を読んだりと，意欲が向上しました。

◎　学校図書館をさらに利用できるようにするという課題をもち，積極的に利用の仕方や置かれている本について理解を深めました。自分の利用状況を振り返り，今後の読書生活を変えようとする姿が見られました。

○　お話を読む学習で，登場人物のしたことや場面の様子に関心をもちました。想像をふくらませたり声に出して読んだりして，楽しんで学習することができました。

○　学校図書館の使い方を学習して，本を借りて読むことに関心をもちました。本の探し方を知って，進んで本を探して読んでいました。

△　お話を読むときに登場人物の会話に関心をもって読みました。場面の様子や人物の気持ちにも関心をもち，あらすじをとらえることができるよう指導していきます。

## 2　算 数 ［1 年］

### 総合所見

#### 主な学習項目

**数と計算**
- 数の意味の理解
- 120 程度までの数の表し方
- たし算（1 位数，簡単な 2 位数）
- ひき算（1 位数，簡単な 2 位数）
- 式による表現（たし算，ひき算）

**図形**
- 身の回りにある平面や立体の形（構成，特徴）
- ものの位置（前後，左右，上下）

**測定**
- 長さ，面積，体積の比較（直接比較，「いくつ分」で大きさを比べる）
- 時刻の読み方（時，分）

**データの活用**
- 絵や図を用いた数量の表現

#### 評価の言葉（例）

**知識・技能**
- 表し方がわかる
- 意味がわかる
- 豊かな感覚をもつ
- 計算を確実にする
- 図形を組み立てる
- 量の大きさを比べる
- 時刻を読む
- 数量の関係を表したり，読み取ったりする
- 用語がわかる

**思考・判断・表現**
- 工夫する
- 考える
- 表現する

**主体的に学習に取り組む態度**
- 進んで○○する
- 数量や図形に親しみをもつ
- 算数の学びのよさや楽しさに気づく

◎　日常生活のなかで数を数えるときに，数のまとまりをつくって数えるなど，算数で学習したことを生かして，工夫しながら数える姿が見られました。学習内容が身についています。

◎　たし算やひき算の学習で，文章で書かれた問題の内容を正しく式に表し，計算することができました。式に合う事柄を考え出すことや自分で問題を作ることも適切にできました。学習内容が身についています。

◎ おはじきやブロック図などを用いて数量の関係をとらえたり，たし算やひき算の計算の仕方を考えたりすることが得意で，友達にもわかりやすく説明していました。

◎ 今学期は，はかり方についての理解が進みました。長さ，大きさ，広さ，どれも直接合わせたり，もとにするもののいくつ分かでとらえたりして，大小を正しく比べることができました。

○ 20までの数の学習で，数を10といくつという見方でとらえ，正確に数えたり，書いたりすることができました。また，数直線を使って，数の大小や順序について理解しました。

○ たし算とひき算の仕方や，応用することが正しくできています。1けたの数どうしのくり上がりのあるたし算や，18までの数から1けたをひく，くり下がりのあるひき算などを使いこなせるようになりました。

○ 「かたちあそび」で，缶や箱のような立体の形の特徴をとらえて分類することができました。「どちらがひろい」では，重ねたり，もとになる広さのいくつ分かで比べたりして広さを表すことができました。図形の見方や量の量り方の力が伸びました。

○ 20までの数の学習で，数の大きさを10といくつと正確にとらえることができました。数の大小や順序も理解し，数についての感覚が豊かになりました。また，くり上がりのあるたし算の仕方も確実に理解しています。

△ 120までの数の学習で，10のまとまりをつくって数える方法に気づきました。数の大小を比べるときにとまどっていましたが，まず，十の位の数を比べ，次に一の位の数を比べることを助言しました。

△ 時間の読み方に関心があり，「何時」「何時半」がわかるようになりました。「何時何分」という読み方は，まだ十分に慣れていませんが，引き続き生活のなかで慣れていくように指導していきます。

### (1) 知識・技能

▶ 所見のポイント

- 120 程度までの数の意味と表し方がわかる
- たし算やひき算の意味がわかる
- 「1 けた」たす（ひく）「1 けた」，くり上がり，くり下がりのない「2 けた」たす（ひく）「1 けた」の計算の仕方がわかり，確実にする

◎　数を 10 ずつのまとまりとして見ることや「20 + 40」や「70 − 30」のような計算について理解が深まり，十の位までの数の表し方，くり上がり，くり下がりのある計算の仕方が十分に身についています。

◎　「1 けたの数たす 1 けたの数」のたし算や「1 けたの数ひく 1 けたの数」のひき算の文章題で，正確に式を立てて計算ができました。また，絵を見て，たし算やひき算の式になる問題づくりが正しくできました。

○　くり上がりのあるたし算で，10 のまとまりをつくるために，たす数を二つの数に分ける方法で計算できました。また，くり下がりのあるひき算では，10 のまとまりからまとめてひく方法で計算できました。

○　120 程度までの数について，10 のまとまりに着目して，数え方や読み方，書き方を正しく理解しました。また，数の表や数直線を使って，位取りや大小，順序なども理解しました。

△　20 までの数の書き表し方を理解しています。「8 + 5」や「12 − 6」のような，くり上がり，くり下がりのあるたし算，ひき算の仕方に迷うことがありますので，10 のまとまりに目をつけるなどの指導を続けます。

### (2) 思考・判断・表現

▶ 所見のポイント

- 120 程度までの数を 10 のまとまりとして数える
- 式に対応する具体的な場面や数量の関係を考える
- おはじきやブロックの操作活動を通して，くり上がりのあるたし算や

| くり下がりのあるひき算の計算の仕方を考え，表現できる |

◎　これまでの数についての学習を生かして，1けたの数どうしのくり上がりのあるたし算や，18までの数から1けたの数をひく，くり下がりのあるひき算の仕方を考え，どのように計算するのか説明することができました。

◎　100までの数をまとめて数えるよさに気づき，たくさんのものを数えるときには2ずつ，5ずつ，10ずつなど，いくつかのまとまりで数えるとよいと考えました。

○　「あといくつで10になるか」，「10から10より小さいある数を取るといくつ残るか」という考え方を生かして，くり上がりのあるたし算やくり下がりのあるひき算の方法を工夫することができました。

○　くり上がりのあるたし算とくり下がりのあるひき算の学習で，ブロックを使って，計算の仕方を考えつきました。また，そうした式と実際の場面とを結びつけて，式の意味を話すことができました。

△　ブロックを使って，たし算の計算の仕方を考え，理解しました。文章題の式を立てることが難しいようなので，「合わせていくつ」「増えるといくつ」の意味と式が結びつくように指導しました。

## (3) 主体的に学習に取り組む態度　　　　　　　　▶所見のポイント

- 数について関心をもち，身の回りからいろいろな数を探している
- 120までの数を10のまとまりなどで数えようとする
- おはじきやブロックを操作して，たし算，ひき算の仕方を考えようとする

◎　数える，計算するという活動に進んで取り組んでいます。学習したことを生かして，ものの順序や位置を数で表したり，多い少ないを，たし算やひき算で確かめたりする姿が見られました。

◎　たし算やひき算の計算が確実にできるようになり，たし算やひき算が用

いられる場面の問題づくりに意欲的に取り組んでいました。

○　おはじきの数やえんぴつの数など，身の回りのものの数に関心をもち，進んで数えました。また，このような活動を通して，個数や順序を数で表すとよいことに気づきました。

○　数に親しみをもち，数をいくつかずつまとめて数えることのよさに気づきました。ものの個数が大きくなっても，進んで数を数えようとする姿が見られました。

△　たし算の計算に楽しみながら取り組みました。ひき算の計算は少しなじみにくかったようです。身近な生活のなかからひき算の計算を使う場面を探し出し，ひき算が身近に感じられるよう指導しました。

## 2. 図形

### （1）知識・技能　　　　　　　　　　　　▶所見のポイント

- 「まる」「さんかく」「しかく」などの形の特徴がわかる
- ものの位置や方向を表す，前後，左右，上下などの言葉の使い方がわかり，言い表す
- 色板や棒，点などを使って，平面の形を作る

◎　身近にある立体の観察や形づくりの活動を通して，立体が「まる」「さんかく」「しかく」などの平面で構成されていることを理解しました。また，形の機能や特徴を正確にとらえ，形についての感覚が豊かになりました。

◎　身近にある立体を，箱の形，筒の形，ボールの形などに正しく仲間分けをすることができました。また，立体の面の形を正確に写し取り，「まる」「さんかく」「しかく」などの面の形をとらえることができました。

○　いくつかものが並んでいるときの，ものの位置の表し方を理解しました。教科書の絵についてだけでなく，自分の座席や靴箱なども前後，左

右，上下の言葉を使って言い表し，理解を深めました。

○　色板や数え棒を使って，いろいろな形を作ることができました。どんな形のものを何枚使ったか，どんな形の組み合わせかなど，できた形を観察して，いろいろな形を構成する技能が伸びました。

△　ものの位置の表し方を理解しました。右から，左からと言い表すときに教科書の絵の向きによって間違えてしまうことがありました。自分から見て右か，左かを指導しました。

---

**(2) 思考・判断・表現**　　　　　　　　　　　▶所見のポイント

- 平面や立体の形の観察を通して，形の特徴をとらえ，表現する
- 前後，左右，上下の言葉を使い，ものの位置や方向を表す工夫をする

---

◎　身近にある立体図形について，観察や形作りの活動を通して，形のさまざまな特徴を正確にとらえることができました。 また，形に目を向け，箱の形，筒の形，ボールの形に仲間分けをすることができました。

◎　色板などを使って，身の回りにある具体物の形を作ったり，作った形から具体物を想像したりすることができました。

○　2学期以来，身の回りにあるものの形を観察したり組み立てたりして，図形についての考えが身についてきました。「かたちづくり」では，色板や数え棒を使って形を作る工夫に向上が見られました。

○　友達と一緒に身の回りにあるものの中から同じ形の仲間集めをしました。仲間に分けたあと，形の特徴をとらえてそれぞれに「箱の形」「ボールの形」などと名前をつけることができました。

△　身近にある立体図形について，進んで特徴をとらえようとしました。空き箱や空き缶を観察していると，箱にかいてある模様や色に関心が向きがちなので，形に着目するよう指導しました。

## (3) 主体的に学習に取り組む態度　　　　　　　　▶所見のポイント

- 身の回りのものの中から，「まる」「しかく」「さんかく」などの形を見つけようとする
- 色板や棒でいろいろな形を作ろうとする
- 立体の面の形に関心をもつ
- 前後，左右，上下の言葉を使って，ものの位置や方向を表そうとする

◎　身近にあるものの形に興味をもち，空き缶や空き箱などを観察したり，直接触ったりする活動を通して，形に親しみをもちました。形の特徴や機能を生かして意欲的にいろいろな形を作ることができました。

◎　身の回りにある箱，筒，ボールなどの立体について，立体の面の形に着目して，「まる」「さんかく」「しかく」などの形を見つけ出していました。

○　前後，左右，上下などの言葉を使って，意欲的にものの位置を言い表しました。教科書の絵の中の動物だけでなく，自分の座席や靴箱など身の回りのものに興味を広げて，取り組んでいました。

○　立体図形の面を写し取る活動では，写し取った「まる」「さんかく」「しかく」などを使って絵をかき，図形に親しみをもちました。

△　立体図形を使った形作りで，何を作ったらよいか決めかねていましたので，立体の特徴と使い方を助言し，意欲をもてるように励ましました。

## 3. 測定

## (1) 知識・技能　　　　　　　　　　　　　　　　▶所見のポイント

- 長さ，面積，体積について，豊かな感覚をもっている
- 身の回りのものの長さ，面積，体積について，比べたり，ある大きさのいくつ分かで表したりすることができる
- 時計の長針と短針の位置によって，時刻を読むことができる

◎ ものの長さを調べるには，直接比べる方法とひもなどを使って間接的に比べる方法があることを理解しました。これらの活動を通して，長さの基本的概念である「長い，短い，同じ長さ」をとらえることができました。

◎ 身近にあるものの長さを，紙テープなどの長さを単位として，そのいくつ分かで比べることができました。また，それらを数値で表して，その大小で長さを比べることもできました。

○ 形や大きさの異なる入れ物に入った水の分量の多さを比べる学習で，ある決まった分量が入るコップなどを使って「何杯分」とする表し方を正しく理解しました。

○ 板状の四角形のものの広さを比較したり，ある広さのいくつ分かで表したりすることが，適切にできるようになりました。また，以前に学習した時計の読み方に慣れ，「何時」「何時半」を普段の生活に生かしています。

△ 直接長さを比較できないものも，ひもや紙テープなどを使って長さを比べることができました。ひもや紙テープを正確にあてるとさらによいので，端をきちんとあてて正しく測ることを指導しました。

| (2) 思考・判断・表現 ▶所見のポイント |
|---|
| ● ものの長さ，面積，体積の比べ方を考える |
| ● 長さ，面積，体積の表し方を考える |
| ● 時刻の読み方を考える |

◎ ものの長さを直接比較したり，テープなどに長さを写して比較したりと比べ方を工夫しました。また，その活動を通して，鉛筆や指幅など適切な単位を決めて，そのいくつ分で長さを表せることに気づきました。

◎ 長さや広さ，かさなどの学習で，直接重ねて比較する直接比較，別のものを使って比較する間接比較，数値化して表す任意単位の比較という三つの比較を生かしながら，工夫して比較することができました。

○ 形も大きさも違う2本のペットボトルに，それぞれ水を入れて，どちらの水が多いかについて考える学習で，同じコップでその水何杯分かを量って比べる方法を考え出しました。

○ 長さ比べの学習で，身近にあるものの長さを，鉛筆やサインペン，指幅など単位とするものを決めてそのいくつ分としてとらえ，長さの表し方を考えることができました。

△ 長さ比べの学習で，自分の持ち物の長さを測る方法を意欲的に考えました。教室の縦や横の長さなど対象が大きなものの測り方については悩んでいましたので，ひもを使って長さを写すように助言しました。

## (3) 主体的に学習に取り組む態度　　　　　▶所見のポイント

- ものの大きさに関心をもち，長さ，面積，体積，時刻に親しむ
- ある大きさのいくつ分かで，ものの長さ，面積，体積を表そうとする
- ものの量の大きさをはかることについて，さまざまな経験をしようとする

◎ 「長さ」「多さ」「広さ」のどの大きさにも関心をもち，それぞれについて，「どうしたら比べられるか」を工夫し，実際にはかってみるなどして，積極的に学習しました。

◎ ものの長さや広さ，かさについて，任意単位のいくつ分で数値化できることを学び，身の回りのものを，もとにするもののいくつ分で表して考えようとしていました。

○ 身近にあるものの長さに関心をもちました。長さ比べをするときに，直接重ねて比べたり，テープなどを使って間接的に比べたりするなど，いろいろな方法で比べようとしていました。

○ 広さを比べる学習に興味，関心をもち，進んで紙や板を重ねたり，決まった広さのます目のいくつ分かを調べたりしました。長さや体積についても，同様に意欲的な学習態度が見られました。

△ 長さ比べの学習で，直接長さが比べられないときに，どうしたらよいか
を考えることには意欲がわかないようなので，紙テープやひもを使って比
べるように助言し，励ましました。

## 4. データの活用

### (1) 知識・技能 　　　　　　　　　　　▶ 所見のポイント
- ものの個数を表す絵や図などを理解する
- ものの個数を絵や図に表す

◎ ものの個数を表す絵や図を見て，わかることをいくつも見つけることが
できました。

◎ 種類ごとに整理することで，ものの個数や個数の多いか少ないかが比べ
やすくなることに気づきました。

○ ものの個数を種類ごとに，個数を間違えないように気をつけて，簡単な
絵や図に表すことができました。

○ ものの個数を表す絵や図を見て，個数を読み取ったり，どのものが多い
か少ないかを読み取ったりすることができました。

△ ものの個数を絵や図に表すことに興味をもって取り組みました。個数を
間違えて表してしまうことがありましたので，表したあとで個数が合って
いるか確かめるよう指導しました。

### (2) 思考・判断・表現 　　　　　　　　▶ 所見のポイント
- 絵や図から，ものの個数に着目して，特徴をとらえる

◎ ものの個数を比べるには，絵や図に表せばわかりやすくなると考え，友
達に発表しました。

◎　長さの学習を生かして，絵や図に表すときには端をそろえて表すとよいことに気づきました。

○　絵や図を見て，ものの個数やその特徴をノートにいくつも書くことができました。

○　○や△，□でものの数を表したり，色分けしてぬったりすることで，ものの個数が比べやすくなると考えました。

△　ものの個数を絵や図で表すことに取り組みました。端がそろっていない絵や図をかき，ものが多いか少ないかを間違ってしまうことがありました。端をそろえているか確かめるよう指導しました。

## (3) 主体的に学習に取り組む態度　　　　　　　▶所見のポイント
- ものの個数を簡単な絵や図で表すよさに気づく
- 学習した内容を今後の生活に生かそうとしている

◎　ものの個数を比べるときには，絵や図に表すとよいことに気づき，日常生活のなかで生かそうとする姿が見られました。

◎　生活科の校外学習で集めた木の実の個数を種類ごとに分けて，絵や図に表そうと提案していました。学習した内容が身についています。

○　簡単な絵や図を見て，その絵や図からわかることをたくさん見つけることを楽しみ，進んで発表できました。

○　身の回りに掲示しているポスターにも，ものの個数を種類ごとに分けた絵や図があることを見つけ，うれしそうに発表してくれました。

△　ものの個数を比べるとき，絵や図にまとめることに意欲がもてないようなので，同じ種類，同じ大きさ，同じ形など整理するポイントに着目するよう助言し，励ましました。

# 3 算数［2年］

## 総合所見

### 主な学習項目

**数と計算**
- 1万までの数（4けたの数）
- 簡単な分数（$\frac{1}{2}$, $\frac{1}{4}$）
- たし算（2位数, 簡単な3位数）
- ひき算（2位数, 簡単な3位数）
- たし算とひき算の相互関係
- かけ算九九（12程度までの数×1けた）
- かけ算の式の表し方と読み取り
- （　）や□を用いた式
- 記号（＞, ＜）

**図形**
- 三角形, 四角形
- 正方形, 長方形, 直角三角形
- 箱の形

**測定**
- 長さと体積の測定
- 長さの単位（mm, cm, m）
- 体積の単位（mL, dL, L）
- 時間の単位（日, 時, 分）

**データの活用**
- 簡単な表やグラフの読み方, かき方

### 評価の言葉（例）

**知識・技能**
- 数の構成がわかる
- 計算の仕方がわかる
- 図形の意味がわかる
- 簡単な表とグラフがわかる
- 豊かな感覚をもつ
- 計算を確実にする
- 測定する
- 適切な単位を選ぶ
- 形をつくる
- 直線を引く
- 表やグラフに表す

**思考・判断・表現**
- 工夫する
- 考える
- 表現する

**主体的に学習に取り組む態度**
- 進んで○○する
- 振り返る
- 数理的な処理のよさに気づく
- 生活や学習に使おうとする

◎　2けたの数どうしのたし算やひき算の仕方を理解し, 熱心に練習して正確に計算ができるようになりました。計算の式の意味を理解し, 式で表す場面を問題として話すことができました。

◎　たし算, ひき算両方の筆算の仕方を理解し, 筆算のよさを自覚して練習し身につけました。また, 平面の図形の学習が進み, 三角形, 四角形の特徴をとらえています。「直角」「頂点」「辺」などの用語も正しく使えます。

◎　かけ算の意味がわかり，かけ算の式を使う問題をいくつも考え出しました。さらに，問題にふさわしいかけ算の式を立て，その意味を○や絵をかいて説明することができました。考える力が育っています。

◎　身の回りの数を分けたり整理したりして，簡単な表やグラフに表すことに関心をもち，進んで活動しました。また，ひき算の答えにひいた数をたすともとの数になることを生かして，答えを確かめることができました。

○　1日が24時間，1時間が60分であることを理解し，ある時刻からそのあとの時刻までの時間を求めることができます。また，身の回りのものの長さを，mm，cm，mの単位を使って正しく測ることもできます。

○　4けたの数の十進位取りの表し方を正しく理解しました。10や100のまとまりを単位として大きな数を考え，生活のなかで積極的に生かそうとしています。三角形や四角形の特徴も理解しました。

○　かけ算九九を初めて学習することに興味と意欲を高め，積極的に取り組みました。その成果が上がって，かけ算の意味を理解して，九九を確実に唱えることができるようになり，実際の問題に生かすことができました。

○　10000までの数について理解を深め，「何百±何百」「千－何百」の計算の仕方に慣れました。また，たし算とひき算との関係がわかり，図に表したり，（　）や□を使ったりして答えを求める考え方が身につきました。

△　2けたの数どうしのたし算，ひき算の計算ができるようになりました。文章の問題も正しく式に表せました。ただ，計算間違いをすることが目立ちましたので，必ず検算するように助言しました。

△　かけ算九九の仕組みについてよく理解し，九九表を正しく作ることができました。九九の暗唱のとき，7の段や8の段でとまってしまうことがありました。励まし，一緒に進めています。

## 1. 数と計算

### (1) 知識・技能 ▶所見のポイント

- 万の位までの数がわかる
- 百の位までのたし算，ひき算の筆算をする
- たし算とひき算の相互関係がわかる
- かけ算の仕組みと計算の仕方がわかる
- かけ算九九を確実に唱え，使う
- 問題の場面を（ ）や□を使った図や式で表したり，説明したりできる
- 分数の表し方と意味がわかる

◎ 問題の場面に即して，たし算やひき算，かけ算の式を考え出すことができます。さらに，たし算とひき算との関係もよく理解しており，図や記号を使って，その関係を表すことができました。

◎ かけ算九九をすべて確実に唱えることができました。どの段でも，また逆からでもすらすらと唱えることができます。そのため，日常生活で，かけ算を使える場面にすぐ気づき，九九を使って計算しています。

○ 10 を単位とした数のとらえ方が身につき，百や千を単位とした数も確実にとらえることができました。また，数の仕組みをよく理解し，単位が大きくなっても数えたり書き表したりすることができました。

○ 数の仕組みを理解していますので，ある数を 10 のいくつ分か 100 のいくつ分かという観点からとらえることができました。また，ある数が答えになるかけ算の式をすぐ言えるなど，数についての感覚が育っています。

△ かけ算九九の表を，正しく作ることができました。その表で九九を唱える練習をし，順に唱えることができるようになりました。順番どおりでなくても九九が言えるよう，繰り返し練習することを助言しました。

## (2) 思考・判断・表現　　　　　　　　　　　　　▶所見のポイント

- 十進位取り記数法の仕組みを考え，表現する
- これまでの計算法をもとに，新しいたし算，ひき算の仕方を考える
- たし算とひき算の関係を考えたり，使う場面を式に表したりする
- 計算のきまりやかけ算の仕組みを使って，かけ算九九をつくる
- かけ算を使う場面を式に表したり，式を読み取ったりする
- 折り紙やロープを使って，分数の意味や表し方を考える

◎　今学期に習ったたし算，ひき算，かけ算を使う問題について，テープを使った図に表して考え，式に表したり，適切に答えを出したりする力が向上しました。わかりやすく言葉で説明することも向上しました。

◎　かける数が1増えれば答えはかけられる数だけ増えることや，かけ算のきまりを活用して，かけ算九九をつくることができました。

○　「ひき算の答えにひく数をたすとひかれる数になる」ということを，テープ図に具体的な例を挙げて説明できました。このことから，ひき算の答えがたし算で確かめられることもわかり，検算に生かしました。

○　10000までの大きな数に関心をもち，1000，100，10，1を単位にした位取りの方法，不等号を使って数の大きさを表す方法，数を線の目盛りに表す方法などを考えることができました。

△　図を使って考える学習で，テープ図に（ ）や□を使って問題の意味を表すことができるようになりました。まだ，難しい問題だと（ ）や□をどう使うか迷うことがありますので，指導しています。

## （3）主体的に学習に取り組む態度　　　　▶所見のポイント

- 数を 10，100 や 1000 のまとまりとして数えようとする
- 十進位取り記数法の仕組みに着目して，たし算やひき算の仕方を考えようとする
- 進んでたし算やひき算の仕方を考え，いろいろな問題の解決に生かそうとする
- かけ算九九のよさに気づき，進んで使おうとする
- 分数のよさに気づき，生活のなかで使おうとする

◎　かけ算九九のよさに気づき，いくつ分の数を求める場合に，かけ算を使うことができました。また，かけ算の仕組みをもとにして，自分でかけ算九九をつくることにも意欲的に取り組みました。

◎　かけ算九九に興味をもち，身の回りから九九が用いられる場面を見つけたり，かけ算九九の表からきまりを見つけたりする活動に進んで取り組みました。

○　数の意味や表し方を知り，数を具体的な場面で使うことに興味，関心をもっています。とくに，かけ算九九や $\frac{1}{2}$，$\frac{1}{4}$ の分数を使う場面の問題づくりを進んで考え，説明しました。

○　たし算とひき算の関係を理解し，「ひいた数と残りの数をたすとひかれた数になる」ことを生かして，ひき算の答えを確かめています。そのほかのたし算とひき算の計算の工夫についても，知識が豊富です。

△　学習する数が大きくなって，その表し方や計算の仕方に慣れてきたところです。1000，100，1 を単位にして表したり，計算したりすることは難しく，意欲を失いそうなので，励ましました。

## （1）知識・技能　　　　　　　　　　　▶所見のポイント

- いろいろな図形を観察したりかいたりして，面，辺，頂点の関係がわかる
- 三角形，四角形，正方形，長方形，直角三角形，箱の形の意味がわかり，身の回りからその形を見つける
- 色板を並べたり，点を線でつないだり，直線を引いたりして三角形や四角形をかいたり，つくったりする
- 面を写し取ったり粘土玉とひごを使ったりして，箱の形を作る

◎　三角形，四角形，正方形，長方形，直角三角形のそれぞれの特徴や共通点について，正しく理解しました。辺，頂点，直角などの意味もわかっています。身の回りのものの形を見て，これらの用語を適切に使えます。

◎　三角形や四角形，さらに正方形，長方形，直角三角形の頂点や辺の特徴がわかり，紙を折ったり直線を引いたりして図形をつくったりかいたりすることができます。図形についての技能が身につきました。

○　箱の形の，面，辺，頂点の特徴を理解しています。正方形や長方形の面6枚を貼り合わせて箱の形をつくって観察し，頂点や辺の数，面の数，辺が集まったところが頂点ということなど，確かな理解ができています。

○　身の回りから三角形や四角形，さらに正方形，長方形，直角三角形を見つけることができます。また，それらの図形を格子状に点を打った紙に正しくかくこともできます。

△　三角形と四角形の辺や頂点の特徴を見つけることができました。直角のある形の場合もわかっています。実際にそういう形をかくことについては難しいようなので，かく方法の指導をしています。

## (2) 思考・判断・表現　　　　　　　　　　▶所見のポイント

- 三角形，四角形の辺，頂点などの特徴をとらえる
- 正方形，長方形，直角三角形を観察したり構成したりする
- 箱の形を観察したり構成したりする

◎　箱の形，さいころの形について，頂点，辺，面などがどうなっているかに目をつけて，その形の特徴，性質を考えることができました。そして一つ一つの面を正確に写し取り，箱やさいころの形を作りました。

◎　身の回りのものの中から，進んで三角形や四角形を見つけました。とくに，教室にあるものや学習道具には四角形が多いことを発見し，表にまとめて発表することができました。

○　いろいろな三角形や四角形を二つの仲間に分け，分けた理由を考える学習で，辺や頂点に着目して正しく分け，理由を発表できました。正方形，長方形，直角三角形についても，観察し，分類ができます。

○　箱の形には，辺の数が12，頂点の数が8あることを確かめました。それをもとにして，箱の形を粘土玉とひごで作るには，何cmのひごが何本，粘土玉が何個必要かを考え，説明することができました。

△　箱の形の学習で，面の数や形をよく観察して，気づいたことを話すことができました。頂点や辺の数が数えにくいようなので，数えたところに印をつけるなどの工夫を助言しました。

## (3) 主体的に学習に取り組む態度　　　　　▶所見のポイント

- 三角形について関心をもち，かいたり作ったり並べたりしようとする
- 四角形について関心をもち，かいたり作ったり並べたりしようとする
- 正方形，長方形，直角三角形に関心をもち，正しくかこうとする
- 箱の形に関心をもち，進んで探したり組み立てたりする

◎　箱の形に関心をもち，進んで身の回りから箱の形をしたものを探しました。さらに，箱の面の形を写し，切り抜いて箱を作ることに意欲をもって正しく作ろうと努力し，完成させました。

◎　三角形や四角形に興味をもち，色板や数え棒などを用いてつくったり，身の回りから三角形や四角形をしたものを見つけたりする活動に進んで取り組んでいました。

○　箱の形のそれぞれの面の形を調べようと，観察したり形を写し取ったりする活動に熱中しました。熱心に調べたことから箱の形の特徴がわかり，身の回りから箱の形をしたものをたくさん見つけることができました。

○　身の回りにあるものの形について，観察したり構成したりする活動を熱心に繰り返し，ものの形は基本図形の組み合わせでできていることに気づくことができました。

△　点と点を線で結んで，いろいろな形を作ることに関心をもちました。定規を使って正確に直線を引くことには関心がうすいようなので，使い方を確認しながら指導していきます。

## 3. 測定

### (1) 知識・技能　　　　　　　　　　　　　　▶所見のポイント

- 長さの単位 (mm，cm，m)，体積の単位 (mL，dL，L) がわかる
- 長さの単位，体積の単位それぞれの相互関係がわかる
- ものさしの目盛りの仕組みがわかる
- 時間の単位 (日，時，分) がわかる

◎　長さの測定で，測るものの長さに応じて，それに合う単位を選ぶことができました。さらに，「教室の長さを測るには巻尺を使うといい」と提案して，今の学習を一歩進めて考え，測ることができました。

◎  1日は24時間，1時間は60分ということを理解し，普段の暮らしのなかで使っています。体積についても，1dLや1Lがどのくらいの体積かを実感として身につけました。

○  ものさしを使っていろいろなものを測る活動を通して，めもりの仕組みを理解しました。1mの長さを身の回りにあるものの大きさをもとにしてとらえるなど，長さについての感覚が育ちました。

○  時計の文字盤を読んで時刻を知り，二つの時刻の間の時間を知ることができました。「午前，午後，正午」という言葉も正しく使えました。 生活のなかで時計を十分に活用しています。

△  ますで体積の大きさを量ることに慣れ，水の分量を見ておよそ何Lか，何dLかの見当がつけられます。実際に1Lますや1dLますで量るときには正確にめもりが読めるように量り方を指導しました。

### (2) 思考・判断・表現　　　　　　　　　　▶所見のポイント

- mm，cm，mを使う長さの表し方を考える
- mL，dL，Lを使う体積の表し方を考える

◎  長い物の長さを測る「m」単位の必要性に気づき，以前に学んだcmと結びつけ，mの意味を理解しました。測る体験を通して，○m□cmをcm単位で表したり，○m□cm＋△mの計算をしたりすることができました。

◎  長さを測る学習で，ものさしを正しく用いて長さを測定するだけでなく，測る前におよその見当をつけたり，その長さを適切な単位で表したりしようと取り組んでいました。

○  体積の学習で，「1L = 10 dL」「1L = 1000 mL」のように体積の単位の関係がわかりました。これを応用して「2L7dL − 6dL」のような計算の仕方を考えて，説明することができました。

○ 長さの測定の学習で，一人一人自由に決めた単位で調べた結果がまちまちになることに問題意識をもちました。そのことから，共通の単位であるcmやmmの必要性に気づき，そのよさを実感しました。

△ 1日＝24時間，1時間＝60分がわかり，暮らしのなかで時間を使えるようになりました。時刻と時刻の間の時間を求める計算がやや難しいようなので，指導を続けています。

## (3) 主体的に学習に取り組む態度 ▶所見のポイント

- 長さ，体積を測定する活動を通して，より便利に正確に表そうとする
- 長さ，体積の単位を使うことのよさに気づく
- 長さ，体積を進んで測定しようとする
- 時刻に関心をもち，生活のなかで進んで使う

◎ 水のかさを，1年生のときはコップで何杯分かを量ったことを思い出し，dLという決まった単位で量ることのよさを強く実感していました。量る量の見当をつけて，ふさわしい単位とますを選ぶことができました。

◎ 日常生活との関わりで時刻や時間を求める学習に熱心に取り組みました。時刻と時間を自分の日常生活に生かそうとする姿が見られます。

○ 長さの測定に興味をもって学習しました。実際にものさしを使って測る前に長さを予想してみるなど，積極的に取り組もうとする学習態度が見られました。

○ いろいろな入れ物に入る水の量を量る学習に関心をもち，意欲をもって取り組みました。単位のmL，dL，Lの使い方や相互の関係にも関心をもち，熱心に「量る」ことの学習経験を積みました。

△ 時計の文字盤を見て時刻を読むことが，1年生のころより生活に生かせるようになりました。時刻と時刻の間の時間を求める計算が難しく意欲を失いそうなので，指導し，励ましました。

## 4. データの活用

### (1) 知識・技能　　　　　　　　　　　　　　　▶所見のポイント

- 身の回りにある数量を分類整理し，簡単なグラフや表に表す
- 簡単なグラフや表を読み取る

◎　昼休みの過ごし方について，整理する観点を決めて分類整理し，グラフや表に表すことができました。

◎　グラフや表に表すことで，昼休みの過ごし方別の人数がそれぞれわかりやすくなることに気づき，簡単なグラフや表に表しました。

○　簡単なグラフをかいて，それについて特徴を読み取る方法を理解しています。

○　学級の係と，どれを希望するかを示す表やグラフを，適切に表すことができました。さらに，そのグラフを見て，どの係の希望者がいちばん多いかなど，特徴を正しくとらえられました。

△　グラフや表に表す際，整理の仕方に迷っていたので，観点を決めて分類整理することを指導しました。。

### (2) 思考・判断・表現　　　　　　　　　　　　▶所見のポイント

- 自分で整理した表やグラフを見て，特徴を読み取る

◎　身の回りにある数量を，グラフや表に表すことで，見やすくわかりやすくなると考えることができました。

◎　データを整理する観点に着目して，グラフや表を読み取り，わかったことをノートに書いていました。

○ 身の回りにある数量をグラフや表に表す際，観点を決めて整理することが大切であることに気づきました。

○ 給食で人気の献立を七つと，それぞれを好きな人数を整理したグラフを作り，それを見て気づいたことを説明することができました。

△ 簡単な数のグラフをかくことができました。そのグラフを見て特徴をつかむことには，まだ慣れていないようです。生活のなかで，表やグラフを生かせるよう指導しています。

## （3）主体的に学習に取り組む態度　　　▶所見のポイント

- 数量を整理し，簡単なグラフや表に表そうとする
- 学習した内容を今後の生活に生かそうとしている

◎ 好きな遊びや好きな給食の献立などのアンケートを取ってグラフに表し，学級掲示板に掲示していました。学習したことを生活に生かそうとしています。

◎ 5日間，校庭で遊んだ学級の人数をグラフに表しました。そのグラフをもとに校庭で遊ぶ人の数が少ないことを説明し，校庭遊びを学級の友達に呼びかけました。

○ 好きな遊び調べのグラフや表を見て，どの遊びがいちばん人気があるかを見つけ，楽しんでいました。

○ 学校内に掲示しているポスターから，身の回りの数量を観点別に分けたグラフや表があることを見つけ，わかったことを発表しました。

△ 学級の係と希望する人を分けて，表やグラフに表す学習に取り組みました。そのグラフの読み取り方に迷っていて意欲を失いそうなので，係の名と希望者の数とを読み取ることを指導し，励ましました。

# 4　生活 ［1年・2年］

## 総合所見

| 主な学習項目 | 評価の言葉（例） |
|---|---|

**主な学習項目**

**学校と生活**
- 学校での生活, きまりやマナー
- 通学路の様子, 安全な登下校

**家庭と生活**
- 家庭生活, 家族の温かさ, 大切さ
- 健康に気をつけた生活

**地域と生活**
- 地域の人々やさまざまな場所
- 安全に生活すること

**公共物や公共施設の利用**
- 公共物や公共施設
- 利用の仕方, ルールやマナー

**季節の変化と生活**
- 身近な自然と四季の変化
- 季節や地域の行事

**自然や物を使った遊び**
- 遊びや遊びに使う物の工夫
- 約束やルール, 安全な遊び方

**動植物の飼育・栽培**
- 栽培や飼育
- 生き物やそれらの育つ場所
- 変化や成長の様子, 生命尊重

**生活や出来事の伝え合い**
- 身近な人々と伝え合う
- 関わることの楽しさ

**自分の成長**
- 自分の成長
- 役割が増えたこと

**評価の言葉（例）**

**知識・技能**
- わかる
- 気づく
- 感じる

**思考・判断・表現**
- 考える
- 表現する
- 工夫する
- 伝える
- 育てる
- 世話をする

**主体的に学習に取り組む態度**
- 進んで○○する
- 関心をもつ
- 利用する
- 意欲的に観察する
- 参加する
- 関わる

◎　町探検で訪ねた公園で, 木立の間を駆け回ったり, 草花遊びをしたりしながら, 全身の感覚を働かせて楽しんでいました。また, 公園に来ていた幼児を優先するなど, 遊具を使う順番を考えて利用することができました。

◎　秋のフェスティバルに必要な日用品や廃材などの材料を，地域の人にお願いして集めようと提案し，準備することができました。また，企画や発表ではみんなで協力して進めることができました。

◎　公園に出かけ，自然と親しむゲームなどをして楽しく遊びました。落ち葉や木の実を使ってのおもちゃ作りや飾り作りでは，工夫して楽しく遊べるおもちゃや，季節の特徴を生かした飾りを作っていました。

◎　新1年生を迎えるため，飾りつけなどの準備をすることができました。1年間の思い出を表現する活動では，自分の成長に気づき，また，季節ごとに気づきが増えていくことも表現していました。

○　自分ができる家の仕事として，買い物を挙げました。スーパーでお店の人に自分がわからないことを尋ねたことなど，進んで発表しました。

○　公民館を訪ねる学習で，地域の高齢者に学校の出来事を話したり，高齢者の子どものころの話を聞いたりして，今と昔を比べる伝え合いの楽しさに気づくことができました。

○　自分が小さかったころのことについて，家の人に話を聞いたり，使っていたものを調べたりして，自分が成長したこと，できるようになったことに気づくことができました。

○　「いきものと　ともだち」の学習で，町の小川でとってきたヤゴの育て方について図鑑で調べ，ヤゴが成長し変化していく様子を繰り返し観察して絵カードに表すことができました。

△　公園の遊具でみんなと仲良く遊びました。遊具を譲らないことがありましたので，公園はみんなのものであることに気づくよう指導しました。

△　生き物のえさやりや掃除などに意欲がもてないようです。生き物と接することが苦手なようなので，もっと関わることができるように支援しています。

## 1. 学校と生活

### (1) 知識・技能　　　　　　　　　　　　▶所見のポイント

- 楽しく安全に生活するためのきまりがあることに気づく
- 友達と一緒に生活する楽しさがわかる
- 学校生活を支えてくれる人々がいることがわかる

◎　「みんなで　あそぼう」の学習で，友達と遊ぶことの楽しさを感じていました。友達に声をかけて遊びの輪に入るよう誘うなど，自分から働きかけてみんなで遊ぶ楽しさにも気づいていました。

◎　友達と一緒に学習したり，遊んだりして，共に学校生活を送る楽しさを味わっています。また，遊びの順番を守らない子にやさしく注意するなど，楽しく遊ぶためにはきまりを守ることが大切だと気づいています。

〇　病気やけがのとき世話をしてくれる「保健室の先生」や，おいしい食事をつくってくれる「給食の調理師さん」など，学校には自分たちを支えてくれる多くの人がいることに気づいていました。

〇　学校探検で音楽室や体育館を見学し，どのように使われているかわかりました。それらの用具はみんなで使うものなので，大切に扱うということについてもわかっています。

△　学校の周りを探検する学習で，通学路の安全な歩き方について気づきました。移動中に友達とのおしゃべりに気をとられてしまうことがあったので，安全に気をつけるよう指導しました。

### (2) 思考・判断・表現　　　　　　　　　　▶所見のポイント

- きまりやマナーを守り，楽しく遊びや生活をする
- 学校生活の楽しさを身近な人に伝える
- 気軽に周りの人に聞く

◎ 友達と一緒に元気に遊ぶことができます。遊具を使うときは順番を守り，危ない使い方をしようとしている友達に，遊具を使うときのきまりを教えることができました。

◎ 学校探検で自分が見たり聞いたりしてわかったことや，そのときの様子について，教師や同じグループの友達にいきいきと話すことができました。また，とくに伝えたいことは，絵や文で表現することもできました。

○ 「がっこうを　たんけんしよう」の学習で，教室や施設を見て回ったとき，その場にいた教師や主事に質問することができました。わからないことや気になったことを聞く力が育っています。

○ 校庭の遊具を使って遊ぶときなど，順番を守って友達と仲良く使っていました。「みんなで　あそぼう」の学習でゲームをしたときも，ルールを守って遊ぶことができました。

△ 学校探検で見たり調べたりしたことを，楽しそうに話していました。学級の友達全体の前でどう発表するか迷っていたので，いちばん気になったことから話すよう支援しました。

## ▶(3) 主体的に学習に取り組む態度　　　　　　▶所見のポイント

- 学校や教師，友達などに関心をもって関わる
- 通学路の様子やその安全を守っている人々に関心をもつ
- 楽しく学校生活を送る

◎ 「がっこうを　たんけんしよう」の学習で，いくつもの教室を意欲的に見て回り，進んで教師や主事に話を聞くことができました。その後，関わりのもてた教師や主事に，いつも元気にあいさつしています。

◎ 学校の周りを探検する学習で，通学路の様子に興味をもって歩きました。おしゃべりしている友達には，やさしく注意するなど，安全にも気をつけながら歩くことができています。

○　「みんなで　あそぼう」の学習で，新しい友達といろいろなゲームをして遊ぶことができました。仲良くなった友達と，授業が終わったあとも休み時間に楽しそうに遊んでいました。

○　学校探検に関心をもって，計画の話し合いに参加しました。実際に活動したときも，質問したり調べたりできました。

△　校内をグループで探検して，飼育小屋の小動物や校庭の植物を観察しました。生き物に触れないようだったので，友達がふれあっている様子を見せ，生き物と関わろうとする態度が育つように支援しました。

## 2. 家庭と生活

### （1）知識・技能　　　　　　　　　　　▶所見のポイント
- 家庭生活を支えている家族のことに気づく
- 家庭で自分でできることに気づく

◎　家族の仕事には，家計を支えたり，家事をしたりする仕事があること，家族が楽しく生活するためには，どちらも大切だということに気づきました。食事の後片付けや掃除など，自分にできる仕事を理解しています。

◎　今まで家族がしていてくれたふとんたたみやごみ出しなど，自分でできることに気づきました。自分でできることを通して家族は支え合っているということを感じとっています。

○　自分の家族の仕事や得意なことについて調べ，家族一人一人の仕事や得意なことが違うことに気づきました。また，友達の発表を通して，それぞれの家族の温かさを感じとっていました。

○ 「いろいろな　ことに　ちょうせんしよう」の学習で，家族の一員として，片付けや掃除など，自分ができることを進んで行うことが大切だということに気づきました。

△ 家の仕事について学習し，自分にもできることがあると気づきました。実際にすることには消極的なようなので，自分がしたいと思う仕事について話し合いました。これからも励ましていきます。

### (2) 思考・判断・表現　　　　　　　　　　　　　▶所見のポイント

- 家族にしてもらっていることを考え，表現する
- 自分でできることについて考え，表現する

◎ 「いろいろな　ことに　ちょうせんしよう」の学習で，家の仕事について調べ，その中から自分でできる仕事を考えることができました。家でした仕事について，楽しそうに発表することもできました。

◎ 家の仕事について，自分ができるお手伝いを考えることができました。実際にそのお手伝いを続けるなかで，さらに自分が家族の一員としてできることは何かと考えています。

○ 家族の仕事や得意なことを調べる学習で，これまで気づかなかったことがわかり，自分でできる仕事についても考え，楽しく発表することができました。

○ 自分の家の仕事を調べて，家族の人たちにしてもらっていることについて考えました。調べた仕事について絵カードにまとめたり，友達に話したりすることができました。

△ 家族にしてもらっている仕事について話し合う学習で，自分でできる家の仕事を決めるのに迷ってしまったようでした。自分がすることで家族が楽しくなる仕事は何か，一緒に考え励ましました。

## （3）主体的に学習に取り組む態度　　　　▶所見のポイント

- 家庭生活に関心をもつ
- 家族の一員として，自分の役割を積極的に果たす
- 規則正しく健康に気をつけて生活する

◎　家でのいろいろな仕事に関心をもち，すでにしていること以外に自分で
できる仕事を積極的に探しました。家族の一員としての役割を果たすこと
に誇りをもって，自分でできることに継続的に取り組んでいます。

◎　夏休みの生活で，家族のお手伝いができました。生活のリズムを大切に
するという目標をもって過ごすなかで，それが健康のためにも大切だとい
うことを感じ取り，規則正しく生活しようとする意欲が高まっています。

○　「いろいろな　ことに　ちょうせんしよう」の学習で，家でしているお
手伝いについて友達と話し合い，新たに自分でもできそうなお手伝いを考
えました。家庭生活についての意識が高まっています。

○　家の仕事にはどんなものがあるのか，家族はそれぞれどんな役割をして
いるかを関心をもって調べ，家庭での自分の生活に目を向けることができ
ました。

△　家には，どんな仕事があるか関心をもって話し合いました。家での自分
の仕事についてはあまり意識していなかったので，自分でできる仕事につ
いて考えるよう支援しました。

## 3. 地域と生活

## （1）知識・技能　　　　　　　　　　　▶所見のポイント

- 地域の人々やさまざまな場所と関わっていることがわかる
- 地域の人々やさまざまな場所と関わって生活すると楽しいことに気づ
  く

◎　町探検の学習で，多くの場所を訪ね，何がどこにあるのかがわかりました。学習活動を通して，この町への親しみがさらに強くなり，地域のよさに気づくことができました。

◎　町探検で多くの店を訪ね，ていねいな対応をしてくれたことに親しみを感じました。お店が地域のお客さんだけでなく，商品を運ぶ多くの人たちとも関わりをもっていることにも気づきました。

○　「まちを　たんけんしよう」の学習で，住んでいる地域には，自分が知らなかった興味を引くものがたくさんあることに気づきました。地域の人とあいさつを交わし，ふれあえたことを喜びました。

○　自分たちが，地域のさまざまな施設や人々と関わって生活していることに気づきました。調べたことを絵地図にかいて発表したとき，好きになった場所が大きくかいてあり，愛着の気持ちが表れていました。

△　地域にはさまざまな場所があり，いろいろな人がいることに気づきました。人と話したり関わったりするよさについても感じとれるよう，働きかけています。

### ▶ (2) 思考・判断・表現　　　　　　　　　　　▶所見のポイント
- 地域の人々やさまざまな場所に関わることについて考え，表現する
- 安全に生活することについて考える

◎　町探検の学習で，話を聞きに行くお店の都合を考えたり，その場の仕事の様子に合わせたりしながら自分が聞きたいことをインタビューしました。相手の気持ちを大事にして，接し方を考えた行動ができました。

◎　町探検では町の自然や施設に関心をもち，友達と協力して，疑問や気になったことをわかりやすく質問していました。利用している人の迷惑にならないように考え，安全にも気をつけて行動できました。

○　地域の高齢者から伝承遊びを教えてもらい，そのこつをすぐにつかんで一緒に楽しく遊ぶことができました。そのほかにも，地域のバリアフリーなど安全のための工夫も調べて発表することができました。

○　「まちを　たんけんしよう」の学習で，地域の人に自分が発見したり興味をもったりしたことについて，よく考えながら質問し，話を聞くことができました。

△　町探検で見つけたり，地域の人と話したりしたことをメモにとることができました。伝えたい内容をどう発表するか迷っていたので，いくつかの方法を説明して自分で決められるよう指導しました。

## (3) 主体的に学習に取り組む態度　　　▶所見のポイント
- 地域の人々やさまざまな場所に親しみや愛着をもって関わる
- 進んで自分の生活を広げる

◎　地域探検の学習で，いろいろな所に出かけていき，地域の人に進んであいさつしたり，話しかけたりして楽しく活動していました。地域の人々や場所に親しみをもって関わろうとする態度が見られます。

◎　「まちを　たんけんしよう」の学習で，友達と一緒に関心をもって地域の探検をしました。訪れた所では，地域の人に積極的に質問するなど，意欲的に関わろうとしていました。

○　町探検の学習で，地域にあるお店の人にどんな話を聞いてくるか，わくわくしながら計画を立てることができました。実際の活動でも楽しく話を聞くことができました。

○　地域の様子に関心が高く，友達と探検計画を立てるときは，自分が知っている場所や施設を積極的に提案しました。また，友達の提案についても興味深く聞くことができました。

△ 地域の施設について関心を高めました。そこで働いている人々について
は関心が低いようなので，自分たちの生活との関わりを考える学習を続
け，興味をもつよう指導しています。

## 4. 公共物や公共施設の利用

### (1) 知識・技能　　　　　　　　　　　　　　▶所見のポイント

- 公共物や公共施設はみんなのものであることがわかる
- 公共物や公共施設を支えている人々がいることに気づく

◎　図書館には，地域の人たちが利用するたくさんの本があり，自分も無料
で本を借りられることがわかっています。ほかにも，みんなが豊かに生活
するためのいろいろな公共施設があることがよくわかっています。

◎　地域の駅や電車を多くの人が利用していることがわかりました。さら
に，駅や電車を支える人がいることにも気づきました。多くの人のおかげ
で電車が動き，駅が便利に使えることを理解しています。

○　公園が，みんなで楽しく遊べる場所であることがわかっています。ま
た，公園には，掃除をしたり遊具を修理したりする人たちがいることにも
気づいています。

○　いろいろな人のことを考えた，みんなのための施設や設備があることが
わかりました。それぞれの場所の特性に合わせて利用することの大切さも
わかっていました。

△　町にはさまざまな公共施設があることがわかりました。施設を見学する
とき，友達と大声で話すなど，ほかの利用者のことを忘れる場合があった
ので，公共物はみんなのものであることに気づくよう指導しました。

### (2) 思考・判断・表現　　　　　　　　　　　▶所見のポイント

- 公共物や公共施設の利用の仕方について考えたり，工夫したりする

●安全に気をつけて正しく利用する

◎　公共物の利用の仕方がわかり，正しく使うことができます。図書館の利用の仕方の話し合いでは，「静かにする」「借りた本は期日に遅れないように返す」など，よく考えて友達にもわかりやすく意見を言いました。

◎　公園で遊ぶときのきまりを理解し，楽しく活動できました。公園を使っている人に対して気を配ったり，自分でもていねいで安全な使い方をしたりするなど，よく考えて行動していました。

○　町探検で安全に気をつけて電車に乗ることができました。まとめの活動では，駅員さんから時刻表の説明を聞いたことや，切符を買ったこと，列車に乗って楽しかったことを，絵や文に表現することができました。

○　ルールを守り，安全に気をつけながら公共設備を利用することができました。探検に行った公園でも，遊具の順番を守って安全に使うことができました。

△　電車に乗る体験ができました。乗降の際，とまどっている様子が見られたので，安全に注意する点も含めて，電車やバスの利用の仕方について指導していきます。

## （3）主体的に学習に取り組む態度　　　　▶所見のポイント

●公共物や公共施設を大切に利用する

◎　公共施設に関心をもち，大切に利用しようとしています。探検で出向いた公園では，落ちていたごみを見つけてごみ箱に捨てるなど，大切に利用しようとする態度が見られました。

◎　図書館に見学に行き，本がたくさんあることに関心をもちました。図書館司書に見学した感想や質問を積極的にし，自分も図書館を利用してみたいという意欲を高めていました。

○ 「まちを　たんけんしよう」の学習で2度目に訪問した児童館で，職員に元気よくあいさつしたり，幼児と仲良く遊んだりするなど，親しみをもって関わることができました。

○ 青少年センターや図書館に関心をもって出かけ，建物の設備や係の人たちの仕事を興味深く見学しました。施設の使い方について係の人に詳しく尋ねて利用していました。

△ 公園を見学する学習で，園内を楽しく見て回りました。そこで働く人や仕事への関心はややうすいようでした。みんなで使う施設についての関心をさらに高めるよう指導していきます。

## 5. 季節の変化と生活

### （1）知識・技能　　　　　　　　　　　▶所見のポイント

- 四季の変化によって生活の様子が変わることに気づく
- 季節に合った遊びをしたり行事に参加したりすると，生活が楽しくなることに気づく

◎ 「あきを　みつけたよ」の学習カードと，春と夏に書いた学習カードとを見比べて，広場の野原の草木の様子や見つかる虫など，春，夏，秋と季節によって自然の様子が少しずつ変わってくることに気づきました。

◎ 「あきまつり」や「やきいもパーティー」，「おもちつき」等の行事に楽しく参加しました。季節に合った遊びや行事をすると生活が楽しくなることに気づき，絵を見せながらわかりやすく発表できました。

○ 「あきの　おまつり」の学習で，季節に合った遊びコーナーや出店をグループで工夫したり，地域の人たちをお招きする準備をしたりと，友達と力を合わせて活動できました。

○　地域には季節にちなんだ行事があることを知り，自分の地域で行われて
いるお祭りの楽しさについて，みんなの前でわかりやすく発表できました。

△　地域の高齢者から昔のお正月の遊びを教えてもらう学習に，意欲をもっ
て参加しました。こうした遊びが，季節や年中行事と結びついていること
に気づくように助言しました。

## (2) 思考・判断・表現　　　　▶所見のポイント
● 季節に合わせて，自分たちの生活を工夫したり楽しくしたりする

◎　「あきを　みつけたよ」の学習で，自然の変化をたくさん見つけて絵
カードにかきました。広場で活動して楽しかったことや自分が感じたこと
も詳しく表現し，友達にわかりやすく説明することができました。

◎　「あきまつりを　ひらこう」の学習で，準備から当日まで，友達と協力
して楽しく活動できました。活動を通して季節に合った行事の楽しさに気
づき，自分の生活に取り入れる工夫を考え，発表できました。

○　「あきと　あそぼう」の学習で，落ち葉や木の実の色の違いを生かして
飾るものや遊ぶものを作り，友達と楽しく遊ぶことができました。

○　「あきまつりを　ひらこう」の学習で，前に体験したお祭りのことを思
い出し，どんぐりを使った遊びや「的あて」など，みんなが楽しめるお店
を考えて紹介することができました。

△　地域の高齢者から昔のお正月遊びを教えてもらう学習で，友達と楽しく
遊ぶことができました。楽しかったことや，遊びを教えてもらった感謝の
気持ちなどを，はっきりと表現できるように指導しています。

## (3) 主体的に学習に取り組む態度　　　　▶所見のポイント
● 進んで身近な自然を観察する
● 季節や地域の行事に関わろうとする

◎　春，夏，秋に野原で草花や虫と遊ぶ学習で，草花を手で触れて観察したり，虫をやさしく手に取って調べたりすることができました。休み時間にも自分から自然に親しもうとする態度が見られました。

◎　公園で，春と夏の草花や虫とふれあいながらみんなで遊ぶ学習をしました。友達と楽しく活動しながら協力して，秋はどうなるのだろうと期待感をもって観察していました。

○　「あきと　あそぼう」の学習で，友達と一緒に秋の自然のものを使った遊びを考えました。公園の広場で見つけた落ち葉や木の実を使って，みんなで仲良く遊ぶことができました。

○　春，夏，秋，冬それぞれの季節ごとの自然の様子に関心をもちました。とくに自然の様子の変化に関心をもって，広場や草原にある草花や虫などの自然と進んでふれあおうとしていました。

△　草花には興味がありますが，虫が苦手なので，観察に意欲をもてなかったようです。好きな草花の観察から始め，少しずつ虫にも興味をもって観察できるよう支援していきます。

## 6. 自然や物を使った遊び

### （1）知識・技能　　　　　　　　　　　▶所見のポイント

- 身の回りの自然や身近にある物を工夫して使うなどして遊べることに気づく
- 遊びを通して，約束やルールが大切なこと，友達のよさや自分との違いに気づく
- 遊びのおもしろさや自然の不思議さに気づく

◎　「はるを　さがそう」の学習で，公園でシロツメクサを摘み，友達には首飾りの作り方を教えてもらい，○○さんは王冠の作り方を教えていました。この活動を通して，友達のよさや自分との違いに気づきました。

◎　どんぐりを使って，遊び方を工夫しながら楽しそうに遊んでいました。友達と協力して遊ぶことで，自分とは違う工夫を知るよさにも気づくことができました。

○　「あきの　おもちゃを　つくろう」の学習で，どんぐりなどの木の実でこまを作って遊びました。友達と協力しながら，やすりやきりなどの道具を安全に使うことができました。

○　「あきと　あそぼう」の学習で，拾ってきたどんぐりなどの木の実や，集めてきた木の葉を使って友達と遊びました。自然の物を使っておもちゃを作ったり，みんなと一緒に遊んだりする楽しさに気づきました。

△　自然にある物を使って，首飾りやこまなどを作ることができました。それを使って友達と遊ぶよさには気づかなかったようです。自然を利用した遊びのよさと楽しさに気づくように指導していきます。

---

### (2) 思考・判断・表現　　　　　　　　　　　▶所見のポイント

- 身の回りの自然や身近にある物を使うなどして，遊びや遊びに使うものを工夫する
- 友達と一緒に楽しむとともにそれを表現する

---

◎　自然の中での遊びを工夫したり，友達と協力して楽しく遊んだりしました。そのことを「あそびずかん」として絵や文章でわかりやすく表現し，発表することができました。

◎　こま回しやはねつきなどのお正月遊びを，友達と競い合ったり力を合わせて楽しみました。遊び方や約束を工夫しながら楽しく遊び，その様子をわかりやすく絵カードに表すことができました。

○ 「あきと　あそぼう」の学習で公園に行き，木の葉や木の実などをたくさん拾って楽しみました。さらに，それらを使った遊びを考えて楽しむこともできました。

○ 自然の物を使って遊ぶ学習で，近くの公園で友達とどんぐりを拾ったことや，赤く色づいた木の葉を集めたことを絵カードにかきました。楽しく遊んだ様子を伝えることができました。

△ 教えてもらっためんこやおはじきなど，昔の遊びで友達と仲良く遊びました。ただ，夢中になると感情的になることがありますので，どうしたら一緒に楽しむことができるのか考えるように助言しました。

### (3) 主体的に学習に取り組む態度　　　▶所見のポイント
- 身の回りにある，さまざまな遊びに関心をもつ
- 進んで友達と楽しく遊び，友達の考えを尊重する

◎ 昔の遊びを体験する学習で，友達も誘ってこま回しやはねつき，竹馬などを楽しみました。今の遊びとの違いにも気づき，昔の遊びをもっと知りたいと意欲をもちました。

◎ 昔からある遊びに関心をもって活動しました。とくに，竹馬に乗ることに夢中になり，一生懸命練習して歩くことができるようになりました。この経験で自信をつけ，ほかの遊びにも進んで挑戦しました。

○ 自然の物を使って遊ぶ学習で，オナモミの実を見つけ，ぶつける遊びに夢中になりました。また，友達と一緒に自然の物を使った遊びを考え，ルールをつくりながら遊ぶことができました。

○ お正月の遊びを体験する学習で，こま回しやはねつきなどの遊びに関心をもち，進んで友達と一緒に楽しく遊ぶことができました。

△ 自然や物を使って遊ぶ学習で，公園の遊具に関心をもって，安全に気を

つけながらいろいろな遊びをしました。自然にある物を使って遊ぶことには関心がうすいようなので，指導を続けていきます。

## 7. 動植物の飼育・栽培

### （1）知識・技能　　　　　　　　　　　　　　▶所見のポイント
- 動植物は生命をもっていることや成長していることに気づく
- 動植物に合った世話の仕方に気づく

◎　学級で育てているミニトマトを毎日世話し，その様子を正確に観察しました。植物の変化を注意深くとらえ，植物も自分たちと同じように生命をもって成長していることに気づきました。

◎　アサガオやヒマワリを育てる学習で，伸び方に関心をもって観察しました。適度な量や回数を考えて水やりをすることができ，大きく育てようと毎日熱心に世話をしていました。

○　植物を育てる学習で，ミニトマトやキュウリを大きく成長させるために，毎日水をやったり，支柱を立てたり肥料をやったりするなど，植物に合った世話の仕方があることがわかりました。

○　ザリガニのすみかの作り方，えさのやり方，世話の仕方などを図書館で調べ，ザリガニの様子を見ながら世話をすることができました。どのようにしたら上手にザリガニを育てられるか気づきました。

△　教室で飼っているザリガニの世話を続けることができました。水槽の水が汚れることには気がつかないようなので，えさをやり過ぎないこと，水を定期的に取り替えることを指導しました。

### （2）思考・判断・表現　　　　　　　　　　　▶所見のポイント
- 工夫して動物を飼ったり植物を育てたりする
- 世話をしたことや生き物のことなどについて表現する

◎　町探検の経験を生かし，ザリガニを捕まえることができそうな場所を予想したり，捕まえるのに必要な道具を準備したりすることができました。そして，自分の考えをわかりやすく友達に発表することができました。

◎　生き物の世話の仕方を考えたり，育つ様子を観察したりしました。そのことを「見つけたよカード」にていねいに書き，周りの友達にも書き方を説明することができました。

○　ミニトマトの成長記録を観察カードにていねいに記録しました。葉やつるの様子を詳しく観察し，成長の変化が大きかったときは，とくに詳しく絵や考えたことをかくことができました。

○　教室で飼っているザリガニの世話を進んでしました。世話を続けることを通して，気づいたことや成長することへの期待などを，工夫してカードにまとめることができました。

△　動物や植物の世話を積極的にしました。それぞれの生き物の様子や育てている周りの様子を考えて世話をすることが必要なので，それに気づくように指導を続けています。

### (3) 主体的に学習に取り組む態度　　　　　　　　▶所見のポイント

- 生き物やそれらの育つ場所，変化や成長の様子に関心をもつ
- 生き物に親しんだり大切にしたりする

◎　池で捕まえてきたザリガニの飼い方を本で調べ，ザリガニが隠れるための植木鉢や大きな石を探して，飼育の準備を進んでしました。水を替えたりえさをやったりして，ザリガニの世話も積極的にしました。

◎　教室で育てているメダカやザリガニの動きや成長の変化をカードに記録することができました。また，意欲的にえさをやったり水を替えたりするなど，生き物を大切に育てようとする姿が見られました。

○ ザリガニを探しに行く計画を立てました。捕まえたザリガニをみんなで飼うことをとても楽しみにして，ザリガニの飼い方について進んで図書館で調べました。

○ 野菜づくりに関心をもち，進んで土づくりをし，種まき，苗植え，水やり，草取りなどの世話を友達と協力して行いました。野菜を大切に育てようとする態度が育っています。

△ 飼育小屋のウサギやニワトリを見ることに関心をもっています。実際に触って世話をすることは怖がっていますので，ハムスターなどの小動物と遊んだり，世話をしたりすることから始め，励ましています。

## 8. 生活や出来事の伝え合い

### (1) 知識・技能　　　　　　　　　　　　　▶ 所見のポイント

- 自分たちの生活や地域の出来事を，身近な人々と伝え合う楽しさに気づく
- 身近な人々とふれあい，関わることの楽しさに気づく

◎ 4月に入学する園児に小学校の楽しさを伝えようと，みんなで保育園を訪問したとき，園児にもわかるようにやさしい話し方で小学校の紹介ができました。相手に合わせた伝え方に気づいています。

◎ 町探検で，駅前のプランターに花の苗を植えているボランティアの方々に出会いました。友達に声をかけて，みんなで一緒に植えるのを手伝うことを通して，人と関わる楽しさに気づいていました。

○ おもちゃ作りの発表会で，作ったおもちゃを見せ，遊び方を説明することができました。友達の説明にも，うなずいたり，質問したりして聞くなど，伝え合う楽しさに気づいています。

生活

○ 「あきと　あそぼう」の学習で，散歩する人に美しい落ち葉を探して手渡し，声をかけていました。人とふれあうことの楽しさ，大切さに気づきました。

△ 町探検でふれあった人ともっと「仲良し」になる学習で，ケーキ屋さんを選びました。自分の気持ちを伝えるのが恥ずかしいようだったので，カードに気持ちを書き，あいさつのあとに渡すよう助言しました。

> ### (2) 思考・判断・表現　　　　　　　　　　　▶所見のポイント
> - 身近な人々と関わることの楽しさがわかり，進んで交流する
> - 自分がしたこと，わかったこと，考えたことなどを，身近な人々と伝え合う

◎ 手作りおもちゃの発表会で，訪ねて来られた地域や家の人たちに，作ったゴム巻き車を動かして見せ，自分が工夫したことをわかりやすく説明しました。相手の人に動かしてもらった感想も尋ねることができました。

◎ 学校で見つけたことをカードに表し，その内容を進んでみんなに教えていました。また，友達が話すことをよく聞いて自分の発見と比べ，共通することや気づいた事柄を話すこともできました。

○ 学校探検で見つけたことを伝え合う学習で，見つけたことを友達の様子を見ながら，ゆっくりわかりやすく話すことができました。

○ 高齢者に昔の遊びを習いました。こま回しやいろはカルタを習って楽しんだあと，友達と興味をもった遊びやおもしろかったことを伝え合うことができました。

△ 通学路を探検したとき，安全パトロールをしてくれている地域の方にあいさつすることができました。下を向いたままだったので，感謝の気持ちを伝えるときは，相手の目を見てあいさつするように指導しました。

## （3）主体的に学習に取り組む態度 ▶所見のポイント

- 身近な人々と関わることに関心をもち，進んで交流する
- 自分たちの生活や地域の出来事を，身近な人々と楽しく伝え合う

◎　気づいたりわかったりしたことを友達と伝え合うことに関心が高まりました。春を見つける活動で，スミレが咲いたことを報告し，友達が見つけたことにも進んで耳を傾け，楽しく伝え合うことができました。

◎　生活科でふれあった町の人で，「仲良し」になった人を発表する活動で，図書館の係の人とのつながりを進んで話すことができました。友達の話にも聞き入り，町の人たちへの関心を高めていました。

○　「学校の生活で自分ができるようになったこと」のお話し会で，給食当番がきちんとできた話をしました。みんなと話したり聞いたりすることに関心をもち，友達が話す内容も楽しく聞けました。

○　トマトを育てている農家の見学で，進んで農家の人に学校のトマトの様子を話したり，トマトの育て方を尋ねたりしようとしていました。共通の話題を伝え合うことの楽しさに気づきました。

△　通学路を探検しながら歩く学習で，登下校するときに安全を守ってくれる人たちに気づきました。お礼を伝えることには消極的なので，関わることのよさを感じられるように支援しました。

## 9. 自分の成長

## （1）知識・技能 ▶所見のポイント

- 大きくなったことがわかる
- 自分ができるようになったことや役割が増えたことがわかる
- これまでの生活や成長を支えてくれた多くの人々がいることに気づく

◎ 自分が小さいころ着ていた服と今の服とを比べて見せながら，自分が大きくなったことや，できるようになったこと，役割が増えたことなどを発表しました。自分の成長が実感できています。

◎ 自分の身体的な成長とともに，内面的な成長についても感じることができました。自分を振り返ってがんばったことや周りの人のおかげでできるようになったことにも気づいていました。

○ これまでの成長を振り返り，自分ができるようになったことについて発表しました。3年生の生活への夢をもち，これからも成長していくことの大切さに気づきました。

○ 家の人から話を聞いて，自分の成長を喜んだり励ましたりしてくれる家族がいることに，あらためて気づいていました。自分のために家族がしてくれたことに感謝する思いが強まりました。

△ 自分の成長について，家族がしてくれたことを，家の人に話を聞いたり写真を見たりして振り返りました。具体的に自分の成長について気づけるとよいので支援しています。

### (2) 思考・判断・表現　　　　　　　　　　　　　▶所見のポイント

- 自分の成長について，さまざまな方法で振り返る
- わかったことや成長を支えてくれた人々への感謝の気持ちなどを表現する

◎ 自分が小さかったころの写真や使っていた物，家の人の話などから振り返り，自分の成長は多くの人に支えられていることに気づきました。その感謝の気持ちを，写真や絵，文などを工夫して発表することができました。

◎ 自分の小さいころについてビデオや写真などで調べました。小さいころと今の自分とを比べ，自分の心身の成長と結び付けて考えることができました。家族への感謝の気持ちももてています。

○　自分が成長してきたことについて，調べたことを工夫してまとめました。成長の喜びや感謝の気持ち，これからの成長への願いなどを感想の中で表現できました。

○　自分の成長を振り返り，「大きくなったわたし」という題で発表しました。小さかったころの自分と今の自分を比べながら，わかりやすく話すことができました。

△　小さいころの写真や家の人の話をもとに，そのころと比べて自分がどう成長したかを考えました。それをどうまとめて発表するのか迷っていたので，事柄を順序よく整理することを指導しました。

---

### (3) 主体的に学習に取り組む態度　　　▶所見のポイント

- 自分の成長に関心をもつ
- 積極的にこれまでの成長を振り返る
- これからの成長への願いをもって意欲的に生活する

---

◎　成長を振り返る学習で，家の人から話を聞いたりして，自分の小さいころの様子を進んで調べました。できるようになったことを振り返り，これからも成長していこうとする意欲をもっています。

◎　自分が小さかったころのことに関心をもちました。小さかったころの写真や使っていた物を持ってきたり，家の人にそのころの様子を聞いてきたりして，自分の成長について意欲をもって進んで調べました。

○　自分ができるようになったことについて，思い出したり，家の人に聞いたりして調べました。できるようになったことがたくさんあることがわかり，これからもできることを増やしたいという気持ちをもちました。

○　成長を振り返る学習で，自分が小さかったころの様子に関心をもち，そのころの様子を知るために家の人にどんなことを聞こうかと，進んで考えました。

△　自分の成長を確かめる学習で，自分の幼いころについて写真や使ってい
　た物を持ってきて発表することができました。できるようになったことな
　ど，自分の成長にも関心を高めるよう指導しました。

# 5 音楽［1年・2年］

## 総合所見

### 主な学習項目

**表現**

◆歌唱
- 曲想を感じ取り表現を工夫する
- 範唱を聴き，リズム譜を見て歌う
- 歌声，発音
- 声を合わせて歌う

◆器楽
- 曲想を感じ取り表現を工夫する
- 範奏を聴き，リズム譜を見て演奏する
- 旋律楽器や打楽器の演奏
- 音を合わせて演奏する

◆音楽づくり
- 音あそび
- 簡単な音楽づくり

**鑑賞**
- 曲想
- 楽曲の構造に気づく
- 曲や演奏の楽しさを見つける

**共通事項**
- 音楽を形づくっている要素（リズム・速度・強弱）
- 身近な音符，休符，記号

### 評価の言葉（例）

**知識・技能**
- ○○に気づく
- ○○と○○の関わりに気づく
- ○○に気をつけて，歌ったり演奏したり，音楽をつくったりする
- 音を合わせて歌ったり演奏したりする

**思考・判断・表現**
- 知識や技能を生かす
- 表現を工夫する
- どのように歌ったり演奏したり音楽をつくるかについて，思いをもつ
- 音楽や言葉で伝える

**主体的に学習に取り組む態度**
- 進んで○○する
- ○○に興味・関心をもつ
- 友達と一緒に協力して○○する
- 楽しんで○○する

◎ 歌唱の学習で，さまざまな曲に興味・関心をもちながら学習しました。歌詞の情景や気持ちを感じ取り，どのような声で歌ったらよいのかを工夫しながら，のびのびとした声で歌うことができました。

◎ 器楽の学習で，「○○」の合奏に取り組みました。楽器の演奏の仕方を工夫して，美しい音で演奏しました。音楽会では，周りの音も聴きながら音を合わせて演奏することができました。

◎　音楽づくりの学習で，いろいろな楽器の音探しをしました。楽器の音色に興味をもち，たたく場所や力加減などで音色が変わることに気がつき，そのよさやおもしろさを，自分の言葉で発表することができました。

◎　鑑賞の学習で，楽曲のよさに関心をもちました。「○○」の鑑賞では，それぞれの場面の様子を思い浮かべ，音楽の感じに合わせて，体を動かしながら聴くことができました。

○　「日本の歌を楽しもう」の学習で，「なべなべそこぬけ」や「おちゃらかほい」などのわらべ歌に取り組みました。遊び方を覚えて，友達と一緒に歌ったり手遊びをしたりしながら，楽しむことができました。

○　けんばんハーモニカの演奏で，正しいリズムを覚え，タンギングなどにも気をつけて，優しい音で演奏することができました。

○　「だがっきパーティー」の学習で，いろいろな音のなかから好きな音を探しました。打楽器の音色に興味，関心をもちながら学習を進めることができました。

○　「おどるこねこ」の鑑賞で，楽しんで鑑賞する様子が見られました。音楽の感じに合わせて，体を動かし，曲想をつかむことができました。

△　けんばんハーモニカや打楽器の演奏への関心が高まりました。指使いに気をつけて，正確に演奏することが課題なので，楽器の演奏の仕方が定着するように，繰り返し助言しました。

△　手拍子でつくったリズムをつなげるリズム遊びの学習で，生き生きと取り組む様子が見られました。リズムの重なりを感じ取って，グループ学習ができるように助言しました。

## 1. 表現（歌唱）

### （1）知識・技能　　　　　　　　　▶所見のポイント

- 曲想と歌詞の気持ちなどに気づく
- 範唱を聴いたり，簡単な旋律を歌ったりする
- 発声や発音の仕方に気をつけて，周りの音を聴きながら，声を合わせて歌う

◎　歌詞に表されている情景や気持ちを想像しながら歌うことができました。歌詞の言葉の発音の仕方に気をつけて，自分と周りの友達の歌声を聴きながら声を合わせて歌うことができました。

○　教師の範唱を聴いて，正しいリズムや音程で歌うことができました。言葉を大切にして歌うことや楽譜を見ながらリズム唱，階名唱もできるようになりました。

△　周りの友達と一緒に，のびのびと楽しく歌うことができました。リズムや速さにも気をつけて歌うことができるように，手拍子をしながら歌うなどの支援をしました。

### （2）思考・判断・表現　　　　　　▶所見のポイント

- 曲想を感じ取って，表現を工夫する
- 雰囲気を味わい，どのように歌うかについて思いをもつ

◎　歌詞が表す情景や気持ちを想像し，曲想を感じ取ることができています。歌詞が伝わるような歌い方を工夫するなどして，その曲のよさを表現することができました。

○　歌唱の学習で，友達の歌声を聴いて，そのよさを感じ取り，自分の歌い方に生かすことができました。歌詞の表す情景を思い浮かべながら，感じたことを表現することができました。

音楽

△　友達と一緒に声を合わせて歌うことのよさや楽しさを感じ取ることがで
きました。どの曲も，同じ声の強さや音色で歌っていたので，歌詞や旋律
の特徴を生かして歌うように指導しました。

## (3) 主体的に学習に取り組む態度　　　　　　　▶所見のポイント

- 歌唱表現に興味・関心をもち，楽しんで歌ったり表現したりする
- 友達と関わりながら，歌う活動をする

◎　友達と一緒に歌に合わせて体を動かしたり，手拍子をしたりして，歌う
喜びを味わう様子が見られました。明るい表情で，のびのびと表現しよう
とする態度が育ちました。

○　美しい声の出し方に関心をもち，CDや教師の範唱を注意深く聴こうと
し，よさをまねすることができました。それを生かして，さまざまな曲に
関心をもち，歌うことができました。

△　斉唱や輪唱などの歌唱表現に関心をもち，みんなと一緒に歌って楽しむ
ことができました。お互いの歌声を聴きながら，声を合わせて歌うことが
できるように支援しています。

## 2. 表現（器楽）

## (1) 知識・技能　　　　　　　　　　　　　　▶所見のポイント

- 曲想と音楽の構造との関わりに気づく
- 範奏を聴いたり，リズム譜を見たりして演奏する
- 音色に気をつけて，旋律楽器や打楽器を演奏する
- 互いの音を聴いて音を合わせて演奏する

◎　けんばんハーモニカや打楽器の演奏で，範奏を聴いて正確なリズムと音
程で演奏できるようになりました。周りの音を聴き，音を合わせて演奏す
ることができました。

○ 器楽表現で，大太鼓や小太鼓などの打楽器の演奏に親しみ，正しい演奏の仕方を身につけました。正しい姿勢とばちの持ち方で，軽快なリズムで演奏ができました。

△ けんばんハーモニカに親しみ，基本的な奏法を身につけました。指使いが複雑なところは，指の運びが正しくできるように，繰り返し一緒に演奏しました。

### (2) 思考・判断・表現　　　　　▶所見のポイント
- 曲想に合わせて，演奏の仕方を工夫する

◎ 器楽の学習で，演奏の仕方を工夫して，美しい音色で演奏することができました。曲想を感じとり，それに合う音の強弱を表現しました。

○ いろいろな楽器を受け持って演奏し，曲の気分を味わいながら，周りの友達と音を合わせて演奏することができました。

△ 器楽合奏の学習では打楽器を担当し，楽器の音色とそのよさを感じ取っていました。曲想に合った表現を工夫することができるように，強弱について指導しました。

### (3) 主体的に学習に取り組む態度　　　　▶所見のポイント
- さまざまな演奏に興味・関心をもち，楽しんで楽器の演奏をする
- 友達と関わりながら，楽器の演奏を楽しむ

◎ 打楽器やけんばんハーモニカなどのいろいろな楽器に興味をもって演奏しました。粘り強く練習を続けながらできることを増やし，楽しく学習に取り組むことができました。

○ 器楽の演奏に関心をもち，学級の友達と一緒に積極的に練習に取り組みました。友達の演奏をよく聴きながら，生き生きと演奏を楽しむことができました。

△　器楽の学習で，大太鼓の演奏に関心をもち，進んで練習することができ
ました。周りの友達の音も聴きながら，気持ちを合わせられるように助言
しました。

## 3. 表現（音楽づくり）

### (1) 知識・技能　　　　　　　　　　　　　▶所見のポイント

- 声や身の回りの音の特徴に気づく
- 音やフレーズのつなげ方の特徴に気づく
- 即興的に音を選んだりつなげたりする
- 簡単な音楽をつくる

◎　「○○」の学習で，鉄琴を使ってグループごとにお話に合う音楽をつく
りました。どのような音楽にしたいか自分の考えをもち，音の組み合わせ
を工夫しながら，イメージに合う音をつくることができました。

○　即興的に音をつなげる学習で，手拍子でリズムをつくる，リズムリレー
をしました。友達のリズムをよく聴いて，拍の流れにのって，自分で考え
たリズムを演奏することができました。

△　けんばんハーモニカを使った，「ドレミのしりとり」の学習で，拍に合
わせてつくった音を演奏することができました。フレーズやまとまりを意
識してつくるように助言しました。

### (2) 思考・判断・表現　　　　　　　　　　▶所見のポイント

- 音遊びから，発想を得る
- 音を音楽へと構成する
- どのような音楽をつくるのか思いをもつ

◎　「リズムアンサンブルをつくろう」の学習で，簡単なリズムをつくりま
した。グループの友達と意見交換しながら，リズムをつなげたり重ねたり
するなど，自分の発想を生かしてつくることができました。

○　「ばんそうあそび」の学習で，「なべなべそこぬけ」の伴奏づくりをしました。日本の音階から音を選び，けんばんハーモニカを使って音楽をつくることができました。

△　即興的にリズムをつくる学習で，そのおもしろさに気づき，体全体で音楽に反応することができました。さまざまなリズムパターンをつくることができるように，リズムカードを掲示して支援しました。

音楽

**(3) 主体的に学習に取り組む態度**　　　　▶所見のポイント
- 音楽づくりに興味・関心をもつ
- 友達と協働しながら，即興的な表現や音楽づくりを楽しむ

◎　身の回りのいろいろな物で好きな音を探す「いい音さがして」の活動で，瓶や缶などを楽器のように扱い，リズムをつくって演奏し，進んで発表しました。音のおもしろさに気づき，楽しもうとしています。

○　マラカスやギロ，トライアングルなどを，たたいたりこすったり，ふったりしたときの音色の違いに気づきました。打楽器の音色に対する関心が高まっています。

△　音遊びの活動で，身の回りの音に関心をもちました。音を出す楽しみだけでなく，音の響きや音色の違いにも関心がもてるように助言しました。

### 4. 鑑賞

**(1) 知識・技能**　　　　▶所見のポイント
- 曲の雰囲気や表情と，音楽の構造との関わりを感じ取る

◎　音楽を聴き比べる鑑賞の学習で，曲を形づくっているリズムや旋律，速さなどの違いを聞き分け，それぞれの曲の気分を感じ取り，そのよさを自分の言葉で表すことができました。

○　オーケストラ曲の鑑賞で，いろいろな楽器に注目して鑑賞することができました。それぞれの楽器の音を聴き取り，そのよさを感じ取ることができました。

△　楽曲を聴いて，速さや強弱などの曲を形づくっている要素に着目することができました。その感じたことを伝えることができるように，言葉の選択カードを掲示し支援しました。

### (2) 思考・判断・表現　　　　　　　　　　　▶所見のポイント

- 音楽的な理由にふれ，曲の楽しさに気づく
- 曲全体を味わって聴く

◎　鑑賞の学習で，音楽に合わせて手拍子したり，旋律を口ずさんだりして，楽曲の気分を感じ取って鑑賞しました。曲全体を味わって聴くことができました。

○　「○○」の鑑賞で，楽曲の強弱に合わせて，指揮をしました。曲のダイナミクスを体で表現しながら，曲の楽しさを感じ取ることができました。

△　「○○」の鑑賞で，主な旋律を演奏している楽器の音に気をつけて聴くことができました。旋律の特徴をつかむことができるように，演奏するまねをしながら鑑賞するように支援しました。

### (3) 主体的に学習に取り組む態度　　　　　　▶所見のポイント

- さまざまな音楽に興味・関心をもちながら音楽を聴く
- 楽しみながら音楽を聴こうとする

◎　いろいろな種類の音楽や楽器の演奏の仕方に関心をもって，鑑賞することができました。旋律やリズムを聴き取り，感じたことを的確な言葉で発表することができました。

○ 　曲のよさを感じ取ろうと集中して鑑賞する様子が見られました。明るく楽しい曲では，体を揺らすなどして，楽しみながら鑑賞していました。

△ 　鑑賞の学習で，行進曲のような活発で元気な曲にとくに関心をもちました。静かな曲は集中して聴くことが難しかったようなので，さまざまな曲に関心を広げていけるよう支援していきます。

# 6 図画工作 [1年・2年]

## 総合所見

### 主な学習項目

**表現**

◆造形遊び
- 自然物や人工の材料の形や色などをもとに思いつく
- 感覚や気持ちを表す
- 材料や用具に十分に慣れる
- 感覚を働かせ工夫する

◆絵や立体，工作に表す
- 感じたこと，想像したことから，表したいことを見つける
- 材料や用具に十分に慣れる
- 手や体全体の感覚を働かせる
- 表したいことを工夫して表す

**鑑賞**
- 身の回りの作品などの鑑賞
- 造形的なおもしろさや楽しさ，表したいこと，表し方などについて，自分の見方や感じ方を広げる

**共通事項**
- 形や色などに気づく
- 自分のイメージをもつ

### 評価の言葉（例）

**知識・技能**
- 身近な材料や用具を安全に使う
- 手や体全体の感覚を働かせ表し方を工夫する
- 造形的な特徴に気づく

**思考・判断・表現**

◆表現
- 感じたこと・想像したことをもとに表したいことを見つける
- 自分の感覚を生かして表し方を考える
- 自分のイメージをもってつくる

◆鑑賞
- おもしろさ・楽しさ・表したいこと・表し方について見方や感じ方を働かせる

**主体的に学習に取り組む態度**
- 進んで○○する
- 興味，関心をもつ
- 楽しさを味わう

◎　体全体を思いのままに働かせて作品を作りました。作りながら直したり，さらに思いついたことを加えたりしながら表すことができます。できあがった作品を見て楽しみ，造形的なおもしろさに気づいていました。

◎　自分が好きなものを思いつくままに描くことに関心をもち，積極的にたくさん描くなど，のびのびと楽しく取り組むことができました。また，友達の作品にも関心をもち，感じたことを伝えることができました。

◎　作品を作り出す喜びを味わいながら，進んで取り組みました。また，材料がもつ美しさやおもしろさなどの特徴を感じ取ることができました。想像力を働かせて，自分らしい表現の仕方を思いつくこともできました。

◎　磁石の特性に興味をもち，それを効果的に生かしたしかけなどを工夫して作品を作ることができました。作った作品を使ったり友達と遊んだりすることを通して，作品の形や色のよさ，おもしろさにも気づきました。

○　材料の形や色を工夫して組み合わせ，表したいことや作りたいものを作り上げました。また，自分の作品を振り返って，そのよさを感じ取ろうとする態度が見られます。

○　描いたり作ったりする活動に関心をもち，表す方法を工夫するなど，意欲的に取り組んでいます。手や体を働かせて，材料の質感や特徴などをとらえたり，用具の使い方に慣れたりすることもできています。

○　材料の特徴を生かして，形や色の組み合わせを考えて，作り方を工夫できました。できあがった自分の作品について，表し方の工夫やよさについても説明できました。

○　並べる，つなぐ，積むなどの活動を意欲的に進めました。材料の特徴について友達と積極的に話し合うことを通して自分の気に入った表し方を見つけ，それを生かした作り方を考えることができました。

△　描いたり作ったりする活動に関心をもち，進んで取り組みました。自分の作品について説明をすることが苦手なようなので，作品の工夫したところやよさについても伝えられるように支援しました。

△　表したいことや作りたいものを考えて表現しようとしています。まだ材料や用具の使い方に十分慣れていないので，より自分の思いを自由に表せるように指導を続けていきます。

## 1. 表現（造形遊び）

### (1) 知識・技能　　　　　　　　　　　　　　▶所見のポイント

- 思いついた方法を試す
- 材料の扱い方を試す
- 思いついたことを表す
- 体全体で感じ取る

◎　手や体全体を使って，粘土を握ったり，穴を開けたり，のばしたりする
などの方法を試し，いろいろな形を見つけました。さらに，自分の思いつ
いた形を表したいと，さまざまな表し方を工夫できました。

○　粘土を使った造形遊びで，粘土の量感を感じながら体全体を使って握
る，穴を開ける，たたいてのばすなど活動を工夫することができました。

△　粘土の触りごこちを確かめながら想像を広げ，思いついたままに作りま
した。さらに，粘土の扱い方や新たな表し方などをいろいろ試すおもしろ
さに気づけるよう指導しています。

### (2) 思考・判断・表現　　　　　　　　　　　▶所見のポイント

- 材料の特徴を生かす
- 想像力を働かせて表したいことを思いつく
- 表したいことに合わせて表し方の工夫をする

◎　身近な材料の写し方を試してできた形や色の特徴を生かし，表現するこ
とができました。写してできた並べ方や組み合わせ方の形や色から想像を
広げ，気に入った表し方や表現したいことを思いつく力が伸びています。

○　身近な材料を写す造形遊びで，写した形や色の特徴を感じ取ることがで
きました。また，形や色の組み合わせや，繰り返し並べた感じなどからイ
メージを広げ，新たな表現を思いついていました。

△　スタンプ遊びを楽しんでいました。使う材料が同じになる面が見られたので，ほかの材料の形や色の組み合わせ方のおもしろさに気づき，多様な使い方や発想につながるよう助言しました。

## （3）主体的に学習に取り組む態度　　　　▶所見のポイント

- 材料に関心をもつ
- 進んで作る
- 作り出すことを楽しむ

◎　不織布や薄紙の大きさや触った感じを楽しみ，進んで活動できました。身の回りのものを包んだり，丸めたり，ねじったり，紙のおもしろさを感じ取りながら，思いついたことを意欲的に表すことができました。

○　不織布や薄紙を使って，楽しみながら自分自身が包まれたり，体に巻きつけたりする活動をしました。形や大きさを考えながら，表し方を工夫しようとする態度が見られました。

△　材料である不織布や薄紙の触った感じに関心をもちました。材料の感じや大きさなどから表したいことを思いつくのが難しいようなので，いろいろな表し方のおもしろさに目を向け，活動に生かせるよう指導しました。

## 2. 表現（絵や立体）

## （1）知識・技能　　　　　　　　　　　▶所見のポイント

- 表したいことに合わせて材料や用具を選ぶ
- 材料や用具の扱いに慣れる
- 感じたことや想像したことを工夫して表す

◎　作品づくりの過程で，カッターナイフが生む鋭い形のおもしろさやよさに気づき，それを生かして作品を作る技能が伸びました。カッターナイフの扱いに十分に慣れ，いろいろな形の線を切ることができています。

○ カッターナイフで切った穴の形や紙を立てた様子から，自分が想像した世界を表す工夫ができました。これまでに経験してきた紙工作の技能を使い，形や色を組み合わせて表現していました。

△ 切った穴の形や紙を立てた様子から，作品を作ることができました。より自分の思いを効果的に表現できるよう，表したい表現に合わせて紙を選ぶことを指導しました。

**(2) 思考・判断・表現** ▶ 所見のポイント

- 想像力を働かせて表したいことを見つける
- 形や色の特徴を考える
- 表したいことに合わせて表し方の工夫をする
- 楽しい感じになるように考える

◎ 絵の具を紙にたらし偶然にできた形や色をもとに，表したいことを発想し，それが伝わるように描き方などを工夫していました。発想をもとに描く形や色を考え，生かす力が育っています。

○ 偶然できた絵の具の形や色を生かして見立てを行い，表し方を考えることができました。描きながら新たに発想したり想像したりしたことを試しながら表し，工夫することができました。

△ 絵の具を紙にたらし偶然できた形や色のもつ特徴を生かし，描いていました。画用紙全体に思いをふくらませられるよう，画用紙の向きを変えたり，初めに描いたものからイメージを広げたりすることを助言しました。

**(3) 主体的に学習に取り組む態度** ▶ 所見のポイント

- 形や色が変わっていくおもしろさを楽しむ
- 作品を作る過程を楽しむ
- 思いのままに表すことを楽しむ

◎ 絵の具を混ぜたり，筆で線を描いたり，塗る快さを味わいながら，描き

たい形や色が変わっていくおもしろさを楽しんでいました。いろいろな色をつくることに意欲をもち，積極的に取り組んでいました。

○　絵の具を混ぜて色づくりを楽しんだり，筆で描くおもしろさに気づいたりし，思いのままに試していました。描きながらそのときどきの，形や線の変化に関心をもって活動を楽しみました。

△　絵の具を使って表現する活動で，描くことを楽しみました。絵の具のさまざまな表し方の可能性が経験できるよう，色を混ぜたり，感じたままに自由に筆を動かしたりするおもしろさを感じられるよう助言しました。

## 3. 鑑賞

### （1）知識・技能　　　　　　　　　▶所見のポイント

- 身の回りの作品を鑑賞する
- 作品の形や色の特徴に気づく

◎　版の並べ方や向き，色の重ね方を変えて写すことで，描かれた絵の印象が変わることに気づきました。写した版の形や色の美しさ，おもしろさを生かして，自分の表したい表現を作り替える工夫ができました。

○　友達の作品を見て，紙の折り方や切り方を変えたりすることで，いろいろな形や色の模様が表せることに気づきました。

△　ちぎった色画用紙を並べたり貼ったりして，絵に表しました。形や色の美しさやおもしろさに気づけるよう，ちぎった色画用紙をいろいろな向きから見て，形や色の感じに気づけるよう助言しました。

### （2）思考・判断・表現　　　　　　　▶所見のポイント

- 作品のおもしろさや楽しさなどを体全体の感覚を働かせて感じ取る
- 自分の表したいことや表し方のイメージを広げる

◎ いろいろな種類の紙の形や大きさ，色，触った感じなどの違いやおもしろさを体全体で感じながら，自分の表し方を考えたりしていました。友達と表し方の工夫についてもお互いに伝え合い，気づく力が伸びています。

○ いろいろな形の木片を活用した造形遊びの活動で，自分や友達が並べたり，積んだりしてできた作品や材料の様子を見ることで，おもしろさや新たな表し方に気づくことができました。

△ 液体粘土と絵具が混ざる色の感じや，指で引っかいてできた軌跡のおもしろさや楽しさを感じ取っていました。さらに，それらの色や形から表したいことを思いつけるよう，指導しました。

## (3) 主体的に学習に取り組む態度　　　　　　　▶所見のポイント

- 自分たちの作品を見ることに関心をもつ
- 友達とともに楽しむ
- 友達の作品に関心をもつ

◎ 自分の表したことや気に入っているところについて意欲的に伝えることができました。また友達の作品にも関心をもって楽しみながら見たり，進んで質問したり，よいと感じたことを伝えたりする態度が見られました。

○ 友達の作り方や表したことについて進んで質問するなど，友達の作品に関心をもって見ることができました。友達と一緒に作品を見ることを，楽しみました。

△ 友達と一緒に作品を楽しみながら見ることができました。自分の作品について説明することが難しいようなので，作品づくりの過程でおもしろかったことや工夫したことなどを伝えるよう助言しました。

108

# 7 体育［１年・２年］

## 総合所見

| 主な学習項目 | 評価の言葉（例） |
|---|---|

**主な学習項目**

**体つくりの運動遊び**
- 体ほぐしの運動遊び
- 多様な動きをつくる運動遊び

**器械・器具を使っての運動遊び**
- 固定施設を使った運動遊び
- マットを使った運動遊び
- 鉄棒を使った運動遊び
- 跳び箱を使った運動遊び

**走・跳の運動遊び**
- 走の運動遊び
- 跳の運動遊び

**水遊び**
- 水の中を移動する運動遊び
- もぐる・浮く運動遊び

**ゲーム**
- ボールゲーム
- 鬼遊び

**表現リズム遊び**
- 表現遊び
- リズム遊び

**評価の言葉（例）**

**知識・技能**
- 楽しさにふれる
- 行い方を知る
- 身につける

**思考・判断・表現**
- 工夫する
- 伝える

**主体的に学習に取り組む態度**
- 進んで○○する
- 楽しく○○する
- 仲良く○○する
- 気をつける

体育

◎ 友達とグループになって，リズムに乗って歩いたり走ったりしながら，体を動かす楽しさや心地よさを十分に味わいました。

◎ 跳び箱を使った運動遊びでは，手をたたいたり，回ったりしながら着地するなど，いろいろな着地の仕方を工夫しました。

◎ ボールが足元にあると，友達に声をかけたり，すぐに拾ったりして場の安全に気をつけながら運動しました。

◎ 表現遊びで，友達の踊りのよい動きを見つけて伝えることができました。自分の動きにも取り入れることによって，よりよい表現にしました。

○ 水の中での呼吸の仕方や浮き方をよく聞き理解しました。息を吸って止め，全身の力を抜いて水に浮くことができました。

○ 友達と一緒にマットを準備したり，片付けたりしました。いつも友達に声をかけ，仲良く学習する姿が見られました。

○ 友達と肩を組んだり，背中合わせになってタイミングを合わせて立ったり座ったりするなど，一緒に行うと楽しい運動遊びを選んで行うことができました。

○ 鬼遊びで友達の動きの工夫を聞いて，空いている場所を見つけて，速く走ったり，身を素早くかわしたりしていました。

△ 水の中をいろいろな姿勢で歩いて，楽しく運動に取り組みました。水に顔をつけることが苦手でしたが，徐々に水につけられる部分を増やすことができました。

△ ボールをうまく投げたり，捕ったりすることができました。友達と積極的に関わり合って，より楽しんで運動できるよう助言しています。

## 1. 体つくりの運動遊び

### (1) 知識・技能　　　　　　　　　　　▶所見のポイント

- 運動遊びの楽しさにふれる
- 運動遊びの行い方を知る
- 体を動かす心地よさを味わう
- 基本的な動きを身につける

◎　短なわの跳び方をよく理解し，リズムよく前や後ろの連続両足跳びができました。

○　片足を軸にして回転したり，バランスを保って立つことができました。友達の行い方をよく見て，動きを身につけました。

△　体を支える動きが苦手でしたが，腕を伸ばし，目線に気をつけて動くように指導すると，少しずつできるようになってきました。

### (2) 思考・判断・表現　　　　　　　　▶所見のポイント

- 場や用具を変えながら，楽しくできる遊び方を工夫する
- 友達のよい動きを見つける
- 工夫した楽しい遊び方を友達に伝える

◎　ボールの種類や大きさを変えたり，さまざまな運び方を試したりしながら，友達と楽しくボール遊びをしていました。また，自分が楽しいと感じた運動遊びの行い方を友達に伝えていました。

○　体ほぐしの運動遊びをすると気持ちがよくなることや汗が出ることに気づき，カードに書いていました。

△　リズムに乗って動いたり，スキップすることが難しかったので，友達の動きをよく見て動いてみるよう助言しました。

体育

## (3) 主体的に学習に取り組む態度　▶所見のポイント

- 運動遊びに進んで取り組む
- 順番やきまりを守り，だれとでも仲良く運動する
- 用具の準備や後片付けを友達と一緒にする
- 場の安全に気をつける

◎　運動遊びをするときに，順番やきまりをしっかり守って取り組むことができました。また，友達に声をかけながら，みんなで仲良く運動ができるように考えて動くことができました。

◯　跳び箱を使った運動遊びで，用具の準備や後片付けを友達と協力して行うことができました。

△　楽しんで運動できますが，周りの状況を見ることができないことがありました。安全に気をつけながら，運動に取り組むように指導しました。

## 2. 器械・器具を使っての運動遊び

### (1) 知識・技能　▶所見のポイント

- 運動遊びの楽しさにふれる
- 運動遊びの行い方を知る
- 固定施設，マット，鉄棒，跳び箱を使ったさまざまな動きを身につける

◎　鉄棒を使った運動遊びでは，手でしっかり体を支え，バランスをとって止まったり，前回りや足抜き回りをしたりすることができました。

◯　雲梯に何度も挑戦し，体の揺れを使ってリズムよく移動することができました。

△　跳び箱に跳び乗ることに恐怖心がありましたが，低い場で手で支えた

り，跳んだりして，少しずつ動きが身につけられるよう支援しました。

## (2) 思考・判断・表現 ▶所見のポイント

- 楽しく運動できる場や遊び方，動きを選ぶ
- 動きを工夫する
- 友達のよい動きを見つけ，考えたことを伝える

◎ 鉄棒にぶら下がりながら，友達と動きを合わせていろいろな姿勢をとり，楽しい遊び方を工夫して行うことができました。

○ マットの上で，さまざまな動物の動きを選んで，腕で支えながら移動したり，逆さまになったりすることができました。

△ 友達の動きを見て考えたことを伝えられないことがありました。手のつき方や着地の仕方など，具体的に伝えるよう指導しました。

## (3) 主体的に学習に取り組む態度 ▶所見のポイント

- 運動遊びに進んで取り組む
- 順番やきまりを守り，だれとでも仲良く運動する
- 用具の準備や後片付けを友達と一緒にする
- 場や器械・器具の安全に気をつける

◎ 跳び箱を跳んだあとは，必ず用具や周りの状況をよく確かめてから友達に合図をしていました。友達と一緒に楽しく安全に運動できるようにいつも考えて動くことができました。

○ マットを使った運動遊びで，友達と協力してマットの準備や後片付けをしていました。

△ 夢中になって運動に取り組むあまり，跳び箱やマットの安全を確認できないときがありました。周りをよく見て，安全に気をつけて運動するよう指導しました。

## 3. 走・跳の運動遊び

### (1) 知識・技能 ▶所見のポイント

- 運動遊びの楽しさにふれる
- 運動遊びの行い方を知る
- 走・跳の基本的な動きを身につける

◎ 幅跳び遊びで，助走をつけて片足でしっかり地面を蹴って跳ぶことができました。

○ リレー遊びでバトンの受け渡しを何度も練習し，落とさずに渡すことができるようになりました。

△ コースを外れて走ってしまうことがあります。最後までまっすぐ前を見て走ることができるよう支援しました。

### (2) 思考・判断・表現 ▶所見のポイント

- 走ったり，跳んだりする遊び方を工夫する
- 友達のよい動きを見つけ，考えたことを伝える

◎ ゴム跳び遊びで，自分が跳びやすい高さを選んで跳びました。少しずつ高くするなど，工夫しながら運動に取り組むことができました。

○ リレー遊びで，バトンを受け渡すときの友達のよい動きを見つけて伝えていました。

△ ケンパー跳び遊びのときに，リズムよく跳ぶことが難しいようでした。友達のよい動きを見たり，足を上げる練習をしたりするように指導しました。

### (3) 主体的に学習に取り組む態度 ▶所見のポイント

- 運動遊びに進んで取り組む

- 順番やきまりを守り，だれとでも仲良く運動する
- 勝敗を受け入れる
- 用具の準備や後片付けを友達と一緒にする
- 場の安全に気をつける

◎　走る場所に危険物がないか，間隔は十分あるかなどを確認しながら，友達と協力して安全な場の準備をすることができました。

○　バトンを受け取るときにスタートの線を出ないように気をつけるなど，きまりを守って運動に取り組むことができました。

△　リレー遊びのときに，勝敗を受け入れられないことがありました。勝敗だけでなく，友達のがんばりにも目を向けられるよう支援しました。

体育

## 4. 水遊び

### （1）知識・技能　　　　　　　　　　　　　　　　▶所見のポイント
- 水遊びの楽しさにふれる
- 水遊びの行い方を知る
- 水遊びの動きを身につける

◎　息を吸って止め，全身の力を抜くと浮くことをよく理解して，上手にくらげ浮きや伏し浮きができました。

○　水の抵抗や浮力に負けないように，自由に歩いたり，走ったりしながら，水につかってのリレー遊びや鬼遊びができました。

△　水に顔をつけることが苦手なようです。手で水をすくってかけるなどして，徐々に水につけることができる顔の部分を増やしていけるように指導しました。

## (2) 思考・判断・表現　　　　　　　　　　　▶所見のポイント

- 楽しく運動できる場や遊び方，動きを選ぶ
- 動きを工夫する
- 友達のよい動きを見つけ，考えたことを伝える

◎　ボビングをするとき，一緒にする人数を増やしたり，タイミングを変えたりするなど，楽しくできる遊びを考えながら取り組むことができました。

○　ひろう石の数や色を決めて石ひろいをし，楽しく運動できるように工夫して水遊びに取り組みました。

△　水の中をスムーズに歩いたり，走ったりすることが苦手なようです。方向や速さを変えるときの手や足の動きをいろいろ試したり，友達のよい動きをまねてみるよう助言しました。

## (3) 主体的に学習に取り組む態度　　　　　　▶所見のポイント

- 運動遊びに進んで取り組む
- 順番やきまりを守り，だれとでも仲良く運動する
- 用具の準備や後片付けを友達と一緒にする
- 水遊びの心得を守って，安全に気をつける
- 水遊びをする前に体を清潔にする

◎　進んで水につかって動物のまねをしたり，鬼遊びをしたりして楽しみながら運動に親しみました。また，プールでの約束を自分が守るだけでなく，友達にも声をかけていました。

○　石ひろいや輪くぐりで使う石や輪を進んで準備したり，片付けたりしました。

△　プールサイドを走ったり，合図があっても動きを止めないことがありました。プールでのきまりを確実に守れるよう指導しました。

**116**

## 5. ゲーム

### (1) 知識・技能　　　　　　　　　　　　　▶所見のポイント

- ボールゲームや鬼遊びの楽しさにふれる
- ボールゲームや鬼遊びの行い方を知る
- ボールゲームで，簡単なボール操作と，簡単な攻めや守りの動きなどのボールを持たないときの動きをする
- 鬼遊びで，逃げる，追いかける，陣地を取り合うなどの動きをする

◎　ボール蹴りゲームで，ゴールに向かって正確にボールを蹴ることができました。また，ボールを持っていないときも，パスを受けやすい場所に素早く動くことができました。

○　鬼遊びを友達と楽しみました。鬼につかまりそうになると，身を上手にかわして最後まで逃げ切ることができました。

△　ボール投げゲームで，ボールを捕ることが苦手なようです。柔らかいボールを使って，よく見ながら捕る動きに繰り返し取り組みました。

### (2) 思考・判断・表現　　　　　　　　　　▶所見のポイント

- 簡単な規則を工夫する
- 攻め方を選ぶ
- 友達のよい動きを見つけ，考えたことを伝える

◎　ボールを捕ったり，止めたりするときに工夫したことを，動きや言葉を使って，わかりやすく友達に伝えていました。

○　楽しくゲームができる場や得点の方法を，友達と相談して考えることができました。

△　チームで作戦を考えたとき，自分の考えを伝えることが難しかったようです。ゲーム中に見つけた友達のよい動きを伝えるよう助言しました。

## (3) 主体的に学習に取り組む態度　　　　　　　▶所見のポイント

- ボールゲームや鬼遊びに進んで取り組む
- 順番や規則を守り，だれとでも仲良く運動する
- 勝敗を受け入れる
- 用具の準備や後片付けを友達と一緒にする
- 場の安全に気をつける

◎　ゲームに負けたときも，相手チームに拍手をするなど，勝敗を受け入れて友達のがんばりを称賛する姿が見られました。

○　的当てゲームが終わったあとは，進んで的をすぐに元の位置に戻していました。友達と仲良くゲームをしようとする姿が見られました。

△　ゲームに意欲的に取り組みました。熱中するあまり，きまりを守れないことがありましたので，きまりを守る大切さについて指導しました。

## 6. 表現リズム遊び

## (1) 知識・技能　　　　　　　　　　　　　　　▶所見のポイント

- 表現リズム遊びの楽しさにふれる
- 表現リズム遊びの行い方を知る
- 題材になりきったり，リズムに乗ったりして踊る

◎　表現遊びで，飛行機が旋回したり，急降下したりする様子を高・低の差や速さに変化をつけて，全身で踊ることができました。

○　動物になりきる表現遊びで，動物の特徴をとらえ，そのものになりきって踊っていました。

△　リズムに乗って踊ることが苦手なようです。音楽をよく聴き，友達の動きをまねながら踊るよう助言しました。

## (2) 思考・判断・表現　　　　　　　　　　　▶所見のポイント

- 題材の中から行いたい様子やリズムの特徴をとらえた動きを選ぶ
- 簡単な踊り方を工夫する
- 友達のよい動きを見つけ，考えたことを伝える

◎　リズムの特徴をとらえた動きを即興的に考えたり，友達のよい動きを見つけて取り入れたりして，工夫して踊ることができました。

○　題材を選んで楽しく踊ることができました。また，友達のよい動きを見つけて伝えることができました。

△　リズムに合った動きが思いつかず，困っている様子が見られました。友達と動きを見せ合いながら踊るよう助言しました。

## (3) 主体的に学習に取り組む態度　　　　　　▶所見のポイント

- 表現リズム遊びに進んで取り組む
- 表現リズム遊びをするときに，だれとでも仲良くする
- 用具の準備や後片付けを友達と一緒にする
- 周りの安全に気をつけて踊る

◎　題材から表したい様子や動きを意欲的に思い浮かべることができました。また，友達と一緒にリズムを合わせ，心から楽しみながら踊る様子が見られました。

○　友達と仲良くリズムに合わせて踊ったり，準備や後片付けを協力して行ったりしました。

△　踊ることを恥ずかしがり，ダンスの輪の中に入れないことがありました。教師も含めて一緒に踊ろうと声をかけ，励ましました。

第**4**章

# 特別の教科　道徳 [内容項目別]

# 1　道徳の所見の書き方とポイント

## 1　道徳教育・道徳科で育てる資質・能力と３つの柱との関係

　道徳教育・道徳科で育てる資質・能力について，「道徳的諸価値についての理解を基に，自己を見つめ，物事を多面的・多角的に考え，自己の生き方についての考えを深める学習を通して，道徳的な判断力，心情，実践意欲と態度を育てる」(小学校学習指導要領「特別の教科　道徳」の目標)と書かれています。これと，すべての教科等で育成すべき資質・能力の３つの柱「**知識及び技能**」「**思考力，判断力，表現力等**」「**学びに向かう力，人間性等**」の関係はどうなっているのでしょうか。

　「**知識及び技能**」は道徳科においては，**道徳的諸価値の意義およびその大切さなどを理解**することです。具体的には，価値理解，人間理解，他者理解が挙げられます。観点別では，「**知識・技能**」にあたります。

　「**思考力，判断力，表現力等**」は道徳科においては，自己を見つめ，**物事を多面的・多角的に考え，自己の生き方についての考えを深める**ことです。具体的には，道徳的諸価値に関わる事象を自分自身の問題として受け止めたり，他者の多様な感じ方や考え方にふれることで，自分の特徴を知り，伸ばしたい自己を深く見つめたり，生き方の課題を考え，それを自己の生き方として実現しようとする思いや願いを深めたりすることなどです。観点別では，「**思考・判断・表現**」にあたります。

　「**学びに向かう力，人間性等**」は道徳科においては，自己の生き方を考え，主体的な判断のもとに行動し，自立した人間として他者とともに**によりよく生きるための基盤となる道徳性**です。具体的には，全教育活動における道徳教育において，道徳的諸価値が大切なことだと理解し，さまざまな状況下において人間としてどのように対処することが望まれるのか判断する能力（道徳的判断力），人間としてのよりよい生き方や善を志向する感情

（道徳的心情），道徳的諸価値を実現しようとする意志の働き，行為への身構え（道徳的実践意欲と態度）などです。観点別では，**「主体的に学習に取り組む態度」**にあたります。

　なお，道徳科の評価は，各教科のように分析的な観点別評価や内容項目別の評価は妥当でないとされています。ただし本書では使いやすさを考慮して，所見文は内容項目別に示しました。

## 2　所見を書くポイント

### ポイント①　認め，励まし，意欲を高める内容を

　所見は，ほかの子どもとの比較による評価ではなく，子どもがいかに成長したかを積極的に受け止めて認め，励ます個人内評価として行います。子どものよさを認め，励まし，さらに読んだ子どもが「こういうところを伸ばしたい」「こんな心で行動したい」「こういうところを改善したい」などと意欲を高めるものが望ましいです。とくに，教科学習が苦手な子どもや自分のよさがなかなか見つけられない子どもにとって，道徳科はその子のよさを見つけられる時間です。ていねいに一人ひとりを見取り，子どもたちが「僕にもこんなよさがあったんだ」「わたしっていいかも」と思えるような所見，自分に対する自信が少しずつでももてて，自分を好きになる子が増えるような所見が書けるとよいでしょう。

### ポイント②　保護者と子どもが納得する内容を

　所見は，もらった子どもたち，読んだ保護者が納得するものでなければなりません。「子どもたちが，がんばって取り組んでいるところ」「ここを見てほしい。認めてほしい」と思っているところをしっかり押さえることが大切です。保護者に対しては，保護者が気づいてない子どものよさを書けるとよいでしょう。そうすることで「先生はよく見てくれている」と安心感をもたれます。学校と家庭で同じ方向で子どもたちの心を育てていきたいものです。

道徳

ポイント③　授業のねらいに関わって，子どものよい点や進歩の状況を

　道徳科の充実には，目標を踏まえ，指導のねらいや内容に照らして，子どものよさを伸ばし，道徳性に関わる成長を促すための評価が大切です。次の４点が子どもを見取る視点になります。

❶道徳的諸価値について理解したか

　道徳性を養うには，道徳的諸価値について理解することが大切です。また，道徳的諸価値の理解と同時に人間理解や他者理解を深めていくようにします。

❷自己を見つめられたか（今までの自分との関わり）

　ねらいに関わって，自分をしっかり見つめることが大切です。自分がどこまでできていて，どこがまだできていないのか，自覚させることが必要です。

❸物事を多面的・多角的に考えられたか

　物事を多面的・多角的に考えるとは，道徳教育の目標「主体的な判断の下に行動」するための基本です。日常生活で起こるさまざまな場面で，どのように行動すればよいのか，どのように対応すればよいのかを考えるとともに，どうしてそのことが必要なのか，どうすればできるのかを道徳的諸価値と関わらせてとらえさせることが大切です。

❹自己の生き方についての考えを深められたか（これからの自分との関わり）

　ねらいに関わって，これからどのような気持ちを大切にしていくのか，どのような言動をとるのかが，日常生活につなげるためにも大切です。

（尾高正浩）

## 2 道徳［1年・2年］

### A 主として自分自身に関すること

**［善悪の判断，自律，自由と責任］**

◇ 「○○」の学習で，役割演技を通してよいと思うことを進んで行うことの大切さに気づきました。よいことと悪いことの区別ができています。

◇ 教材文の中でどのように行動すべきか迷う場面で，善悪の判断とその理由をさまざまな視点から考えることができました。今後，いけないことは勇気をもって伝えたいという思いが伝わりました。

◇ 登場人物が勇気をもって，よいと思うことを進んで行う姿を通して，これまでの自分について振り返ることができました。今後は，正しいと思うことは自信をもって行動しようとしています。

**［正直，誠実］**

◇ 絵本を教材とした学習で，ごまかしをしないことで，すがすがしい気持ちになることに気づきました。うそやごまかしをしないで明るく生活することの大切さを理解しています。

◇ 「○○」の学習で，勇気を出して素直に謝ることが大切だと気づくことができました。正直に生活するよさをいろいろな点から考え，友達に伝えるとともに自分の考えを深めました。

◇ 「○○」の学習で，うそをつかずに素直に伸び伸びと生活することのよさに気づきました。学習したことを自分の生活に生かしていこうとしています。

道徳

［節度，節制］

◇　「○○」の学習で，物を大切にすることで長く使うことができ，愛着が
　増すことに気づきました。身の回りの物は多くの人の努力と仕事によって
　つくられていることを理解しています。

◇　「○○」の学習で，規則正しい生活をすることのよさをさまざまな点か
　ら理解することができました。自分の生活を振り返って，よりよくするた
　めにどうしたらよいか，考えを深めています。

◇　「○○」の学習で，わがままを言うと周りの人たちに迷惑がかかると気
　づきました。自分の生活を振り返り，わがままをしないようにしようとし
　ています。

［個性の伸長］

◇　「○○」の学習で，友達からほめられてうれしかったことが自分のよさ
　につながることに気づきました。自分のよさを見つけようとする気持ちを
　もっています。

◇　友達の意見から，自分のよさについてたくさん気づくことができまし
　た。その中でも，だれとでも仲良くなれる自分のよさをもっと伸ばしたい
　と，友達に伝えることができました。

◇　「○○」の学習で，人それぞれによいところがあることに気づき，友達
　のよいところをたくさん見つけていました。さらに自分を見つめ，自分に
　ない友達のよさを，見習おうとしています。

［希望と勇気，努力と強い意志］

◇　友達と話し合うことで，やるべきことを努力して行うと，やり遂げた喜
　びを味わうことができることに気づきました。学習を自分の生活に生かす
　ことを理解しています。

◇　「○○」の学習で，必要な時に，やるべきことを行わないと，自分や周

りが困ることに気づきました。自分のやるべきことについて考えることができました。

◇ 「○○」の学習で、やるべきことをしっかり行う大切さに気づきました。自分の生活を振り返り、苦手なことにも努力していこうとしています。

## B 主として人との関わりに関すること

[親切, 思いやり]

◇ 親切について考える学習で、相手の考えや気持ちを察して行動することの大切さに気づきました。いつも温かい心で友達に接していきたいという気持ちをもつことができました。

◇ 「○○」の学習で、身近な人に接するときに気をつけたいことをさまざまな視点から考えました。これからはもっと人に温かい心で接していきたいと考えを深めていました。

◇ 「○○」の学習を通して、今までの自分を振り返り、自分が親切にしてもらったときの思いに気づくことができました。身近な人に接するときには、積極的に親切にしようとする気持ちが高まっています。

[感謝]

◇ 「○○」の学習で、家族や周りの人たちが自分のことを支えていることに気づきました。自分の周りの人たちに感謝して「ありがとう」と伝えたいという気持ちが伝わってきました。

◇ 友達の考えを聞くことで、自分がたくさんの人に支えられていることに気づきました。これからは周りの人たちに感謝の気持ちをどのように表していけばよいか、考えています。

◇ 「○○」の学習を通して、自分が家族や地域の方、先生に支えられて生

道徳

活していることに気づきました。感謝の気持ちをもって，自分にできることに取り組もうとしています。

## ［礼儀］

◇　「○○」の学習で，時や場面，相手に合った言葉遣いをすることの大切さに気づくことができました。時と場に応じたあいさつをしようとする気持ちが育っています。

◇　礼儀についての学習で，話をするときには，相手の目を見ることが大切だと気づくことができました。また食事の時のふるまいについてもさまざまな点から考えました。

◇　「○○」の学習で，あいさつをすると自分や相手の気持ちがよくなることに気づきました。これからの生活のなかで，積極的にあいさつをしようとしています。

## ［友情，信頼］

◇　「○○」の学習で，物語の登場人物の役になり，友達と助け合うことの大切さに気づくことができました。困っている人を助けようとする優しい気持ちをもっています。

◇　友達関係に悩む教材文の主人公の気持ちを通して，自分だったらどうするか深く考える姿が見られました。友達の考えを聞いて，友達を信じるよさに気づきました。

◇　友達とけんかをしたときのことを話し合い，自分の経験から，仲直りをすることの大切さに気づくことができました。自分から進んで友達を大切にしようとする気持ちが育っています。

## C 主として集団や社会との関わりに関すること

[規則の尊重]

◇ 教材文の登場人物の役になることで，自分の体験と重ね合わせて，きまりを守ることの大切さに気づくことができました。きまりの意味を理解しています。

◇ 「○○」の学習で，学校生活のきまりについて話し合い，きまりを守ることの大切さに気づきました。きまりがあることのよさについて，さまざまな立場から考えることができました。

◇ 「○○」の学習を通して，登場人物の心情を深く理解し，日頃の自分の生活を振り返ることができました。みんなで使う場所や物を大事にすることの大切さを実感していました。

[公正，公平，社会正義]

◇ 「○○」の学習で，友達について仲のよさだけで考えるのではなく，だれに対しても好き嫌いにとらわれない態度で接することの大切さに気づきました。いじめ問題に対する意識が高まりました。

◇ 「○○」の学習を通して，みんなと違う意見をもっている友達を仲間外れにする主人公の姿から，公平に接することの大切さについて深く考え，これまでの自分を振り返ることができました。

◇ 好き嫌いにとらわれず，だれとでも分け隔てなく接するよさを，さまざまな立場から考えることができました。だれとでも仲良くできる学級にしたいとの思いを強くもちました。

[勤労，公共の精神]

◇ 「○○」の学習を通して，家族が喜んでくれると自分もうれしくなって，仕事のやりがいを感じることに気づきました。みんなのために役立とうとする気持ちの大切さを理解しています。

道徳

◇　ほめられるから係活動をするのではなく，みんなのために自分の役割を果たし，自分もみんなもよりよい気持ちで過ごせるようにするためのものだと，考えを深めることができました。意欲的に係活動に取り組もうとしています。

◇　日頃，自分がどのように学級のしごとをしていたかを振り返りました。みんなのために役立つことができた自分に気がつき，その喜びを感じとることができました。

[家族愛，家庭生活の充実]

◇　「〇〇」の学習で，家族に見守られながら成長する主人公を通して，自分を育ててくれた家族の思いに気づくことができました。家族をもっと大切にしたいという思いを深めました。

◇　家族の愛情に気づいた主人公の気持ちを考えることを通して，家族の絆について友達とさまざまな立場から話し合うことができました。家族への敬愛の念を深めています。

◇　日ごろの生活を振り返り，自分の足りないところに気づきました。自分を大切にしてくれている家族のために，自分のできることに積極的に取り組もうとしています。

[よりよい学校生活，集団生活の充実]

◇　「〇〇」の学習で，自分たちが安全で楽しく過ごすことができるように多くの教師が学校生活を支えてくれていることに気づき，教師への感謝と敬愛の気持ちを深めました。

◇　グループで話し合うことで，担任だけでなく，たくさんの教師に助けられていることに気づきました。よりよい学級をつくるために自分にできることは何かと考えを深めています。

◇　日々の学校生活を振り返り，たくさんの友達や教師とともに過ごす楽し

さを実感していました。これから，さらに学級を楽しくするためにはどうすればよいかを考え，意欲が高まりました。

［伝統と文化の尊重，国や郷土を愛する態度］

◇　「○○」の学習で，日本に昔からある遊びのよさを知りました。「昔遊びをする子どもたちが減って悲しい」という登場人物の言葉から，昔遊びの楽しさをもっとみんなに知らせたいという思いをもちました。

◇　友達と話し合うことで，今まで気づかなかった地域のよさに気づきました。これからは，自分たちで地域のよさを守っていこうとする気持ちが高まりました。

◇　地域の伝統的な祭りについて学び，地域の行事に参加する大切さに気づきました。地域に受け継がれている行事を大切にし，守っていこうとする気持ちを高めています。

［国際理解，国際親善］

◇　「○○」の学習を通して，外国の食べ物や着る物は日本と違っていることに気づきました。どれもその国の人たちが大切にしていることを知り，異なる文化のよさを感じ取っていました。

◇　外国人の友達が転入する教材文を読むなかで，外国のよさにたくさん気づく主人公に共感することができました。さらに外国の人に日本のよさを伝えたいという気持ちが高まりました。

◇　「○○」の学習を通して，動物園には外国から来た動物がたくさんいることを知りました。ほかにも外国からどのようなものが来ているのかを知りたいという意欲が見られました。

## D 主として生命や自然，崇高なものとの関わりに関すること

[生命の尊さ]

◇　生きているからこそ，ご飯がおいしく食べられたり，友達と楽しく笑い合ったりできるということに気づきました。生きていることはすばらしいと感じ取ることができました。

◇　学習中にもらった家族からの手紙により，自分の命は，家族など周囲の人たちに守られ，大切にされてきたことを実感していました。命の大切さについて，考えを深めました。

◇　「○○」の学習で，自分も友達も同じように家族に大切に育てられていることに気づきました。自分だけでなく，かけがえのない命をもっている友達のことも，もっと大切にしたいという思いが伝わってきました。

[自然愛護]

◇　「○○」の学習を通して，日本には四季折々の美しい風景があることを知りました。今後はこの美しい自然をたくさん知り，大切にしたいという思いが伝わってきました。

◇　グループで話し合うことで，身の回りにある自然のよさについて，たくさん気づくことができました。環境に対する意識が高まっています。

◇　「○○」の学習で，身近な生き物の命を大事にしていたか，これまでの生活を振り返ることができました。これからは，進んで生き物に優しく接していこうという思いをさらに深めました。

[感動，畏敬の念]

◇　「○○」の学習で，主人公が母のことを強く思い続ける気持ちを感じ取ることができました。清らかな心をもつ大切さをよくわかっています。

◇　自然の美しさをテーマにした学習で，雄大な自然の景色を見て，感動し

ていました。また，小さな花にも不思議なことがたくさんあることを知り，自然の美しさへの考えを深めました。

◇　「○○」の学習を通して，自分が美しいものを見て感動した経験を振り返ることができました。友達とすがすがしい気持ちになったことを伝え合うことができました。

道徳

第 **5** 章

# 特別活動 ［領域・観点別］

**1** 学級活動
**2** 児童会活動
**3** 学校行事

## 1. 学級や学校における生活づくりへの参画

**(1) 学級や学校における生活上の諸問題の解決** ▶所見のポイント

- 議題を理解し，友達の意見を聞いたり自分の意見を発言したりする 知
- 学級生活をよくするために考えて発言する 思
- 学級の一員であるということを意識し，進んで発言する 主

◇ 学級の話し合いで進んで発言しました。友達の意見をよく聞くこともできました。楽しい学級にするために話し合うことの大切さを理解しています。 知

◇ グループの約束を決めたり，役割を分担したりする話し合いで，進んで自分の考えを話しました。友達の意見をよく聞き，よいと思ったときは積極的に賛成していました。 思

◇ みんなが仲良くなるためにどのような集会活動をしたいかを考え，発言しました。必要な役割や約束についても，積極的に提案できました。 主

**(2) 学級内の組織づくりや役割の自覚** ▶所見のポイント

- みんなのために仕事を受けもつことを理解している 知
- 工夫して係の仕事を行う 思
- 係の友達と協力して仕事をする 主

◇ バースデー係として，友達の誕生日をお祝いするアイデアを考えました。給食時間に「ハッピーバースデー」を歌ったり，折り紙で作ったメダルを渡したりしました。 知

◇ 図書係として進んで本の整理整頓ができました。また，みんなに読んでほしい本の紹介をするなど，係の仕事を工夫していました。 思

◇　レクリエーション係を引き受け，同じ係の友達と力を合わせて仕事をしました。みんなが楽しめる遊びをたくさん考えました。主

## （3）学校における多様な集団の生活の向上　▶所見のポイント

- 地域班のなかで，登下校のきまりを守って行動する知
- 学級のグループの一員として，学習や生活を助け合う思
- 全校でのレクリエーション集会を楽しみ，進んで参加する主

◇　地域班で，上級生の話をよく聞き，登下校のきまりを守って行動していました。また，集団下校訓練のときには，教師の話を正しく聞き取り，安全に気をつけようとしていました。知

◇　生活グループの編成替えをしたとき，新しいメンバーと力を合わせて，楽しいグループにしていこうという，前向きな気持ちをもちました。グループの班長として，目標づくりなどに力を尽くしました。思

◇　「○○小子どもまつり」では，いろいろな学級の出し物を，友達と一緒に楽しみました。上級生が説明してくれるゲームのやり方をよく聞き，仲良く遊ぶことができました。主

## 2. 日常の生活や学習への適応と自己の成長及び健康安全

## （1）基本的な生活習慣の形成　▶所見のポイント

- あいさつ，整理整頓など学校生活の基本が身についている知
- 安全に気をつけて生活する思
- 自己の生活を振り返り，課題をもつ主

◇　持ち物の整理整頓を心がけています。とくに机の中の道具箱の整頓に気をつけて，使いやすいように物の順番を入れ替えるなどの工夫をすることができました。知

◇　教室の中で，とくに安全に気をつけて過ごすことを心がけていました。

特別活動

周りの友達にも進んで声をかけて，けがやトラブルのないように働きかけができました。思

◇　あいさつ当番の活動で，校門前での朝のあいさつを元気よく行いました。登校する友達だけでなく，地域の方にも積極的にあいさつをすることができました。主

## (2) よりよい人間関係の形成　　　▶所見のポイント

- 正しい言葉遣いで友達や周りの人と話す知
- 友達の気持ちを考え，思いやりの心をもつ思
- 友達と仲良く活動している主

◇　友達と楽しく生活するためにはどうしたらよいかを考えることができました。声のかけ方や注意の仕方など，相手が聞き入れてくれるようにするためにはどんな言い方がよいのか気をつけることができました。知

◇　休み時間，転んで泣いていた友達に手を貸し，保健室まで連れていきました。友達が泣きやむまで「大丈夫だよ」と声をかけ，寄り添っていました。思

◇　多くの友達に声をかけて，誘い合って外で元気に遊ぶ様子が見られました。仲良く楽しく遊ぶことができるような心配りもできました。主

## (3) 心身ともに健康で安全な生活態度の形成　　　▶所見のポイント

- 衛生に気をつけ，健康的な生活を心がける知
- 廊下や校庭での安全に注意している思
- 交通安全に気をつけて生活している主

◇　手洗いやうがい，外遊びのあとの汗ふきなど，身の回りを清潔にする習慣が身につきました。知

◇　安全に気をつけて生活することの大切さを理解し，自分で気をつけてい

ることをたくさん発表しました。とくに放課後に遊ぶときなど，場所や時間に応じて注意点が違うことを発表しました。思

◇　身の回りの交通ルールを確認し，その大切さに気づきました。校外学習では，車の往来に気をつけて安全に歩くことができました。主

## (4) 食育の観点を踏まえた学校給食と望ましい食習慣の形成 ▶所見のポイント

- 協力して給食の準備や後片付けを行う知
- 楽しく食事をする思
- 苦手なものでも食べてみようとする主

◇　給食の配膳の準備や後片付けを，友達と協力しながら進んで行いました。仕事の手順を考え，友達と協力して速やかに取り組むことができました。知

◇　給食の時間を楽しんでいます。友達とその日の出来事や好きなことの話をしながら，楽しく食事をすることができています。思

◇　給食の時間に，偏食をなくす努力を続けています。食事をバランスよくとることの大切さを栄養指導などで理解し，苦手な食材も残さず食べるようになってきています。主

## 3. 一人一人のキャリア形成と自己実現

## (1) 現在や将来に希望や目標をもって生きる意欲や態度の形成 ▶所見のポイント

- 友達と一緒に考えることができる知
- 人の役に立つ喜びをもつ思
- 自分の目標をもち，努力する主

◇　学級のめあてを決めるときに，自分の考えをはっきり言う一方で，みんなと共に相談しようとする態度で話し合いました。共に考え，共に行動しようとする意識が高まっています。知

◇ 「なかよく　明るく」という学級目標について話し合ったあと，学級全員が仲良くなるように自分で考えたことを進んで行動できました。思

◇ 「学級全員と友達になる」「○○検定に合格する」など，○学期のめあてを具体的に決め，努力しました。自分で決めためあてを達成し，充実した○学期となりました。主

## ▶ (2) 社会参画意識の醸成や働くことの意義の理解　　▶所見のポイント

- 給食当番を，みんなで分担している大切な仕事と理解する知
- 友達と協力して，掃除当番の仕事を行う思
- 学級のみんなのために，日直の仕事を行う主

◇ 給食当番の仕事を，学級のみんなで受けもつ仕事だと理解し，責任を果たそうとしています。服装を整え，手洗いなどの衛生にも気をつけて働くことができました。知

◇ 清掃当番で，友達と役割を分担して，手際よく仕事をすることができました。働くことのよさを感じて，みんなのために進んできれいにすることができました。思

◇ 日直として，朝の会の司会をしたり授業のあいさつの号令を元気よく行ったりすることができました。学級のために大事な仕事をしようという気持ちが伝わってきました。主

## ▶ (3) 主体的な学習態度の形成と学校図書館等の活用　　▶所見のポイント

- 学校図書館の使い方がわかる知
- 自分の好きな本を選び，楽しんで読む思
- 日常的に本に親しむ主

◇ 学校図書館の使い方がわかりました。図書館で本を読むときのきまりをよく理解して，本をていねいに扱ったり，静かに読んだりすることができました。知

◇　読みたい本を，学校司書の先生に聞いたり，自分で調べたりして見つけることができました。読む本の分野も広がり，本の世界を楽しんでいます。思

◇　図書の時間だけでなく，休み時間も利用して積極的に学校図書館に行きました。自分の興味がある本を進んで借り，集中して読むことができるようになりました。主

## 2. 児童会活動

### （1）児童会の組織づくりと児童会活動の計画や運営　▶所見のポイント

- 委員会活動の仕事がわかる知
- 学級で話し合い，代表委員会の話し合いに意見を出す思
- 児童会が行う全校の集会に進んで参加する主

◇　委員会紹介集会で，上級生の発表をよく聞き，それぞれの委員会が学校のために仕事をしてくれていることを理解しました。仕事の内容や大変さを知り，感謝の気持ちをもちました。知

◇　運動会のスローガンづくりで，代表委員会が提示した3つの案を比べて，どの案がよいか積極的に発言しました。決まったスローガンを意識して，運動会の練習に取り組みました。思

◇　6年生を送る会で，学年ごとに楽器を受けもったり，合唱したりして歌のプレゼントを披露しました。○○さんはけんばんハーモニカを演奏し，6年生への感謝の気持ちを表しました。主

### （2）異年齢集団による交流　▶所見のポイント

- 全校集会で，楽しく協力しあう知
- 1年生を迎える会で，新1年生のために呼びかけを工夫する思
- 縦割り班活動で，仲良く活動する主

特別活動

◇　全校で行った子どもフェスティバルで，手作りおもちゃとして，牛乳パックで作るびっくり箱のアイデアを出しました。また，1年生を手伝ってわかりやすく作り方を説明することができました。知

◇　児童会主催の新1年生の歓迎会で，新しい1年生への心を込めた「迎える言葉」を考え，はっきりした言葉で表現することができました。1年生と共に勉強したり遊んだりするのを楽しみにしている気持ちが伝わってきました。思

◇　縦割り班のオリエンテーリングで，上級生の話をよく聞き，クイズやゲームに取り組みました。協力して課題を達成し，ゴールすることができました。主

### ■（3）学校行事への協力　　　　　　　　　　　▶所見のポイント
- みんなで協力して行事に取り組む 知
- 学芸会で使う道具をみんなで作る 思
- 学年や学校の行事に進んで参加する 主

◇　展覧会のスローガン掲示で，紅葉した葉っぱの飾りを作り，きれいに飾り付けました。見る人が楽しめるように，協力して作り上げることができました。知

◇　学芸会の劇で使ういろいろな道具を，自分たちで協力して作りました。劇を見てくれるほかの学年の人たちに楽しんでもらうというめあてをもって熱心に作り，達成感を味わいました。思

◇　6年生を送る会の呼びかけづくりで，6年生とふれ合った思い出を発表するなど，積極的に活動しました。お世話になった感謝の気持ちを表すことができました。主

## 3. 学校行事

### (1) 儀式的行事 ▶所見のポイント

- 儀式の意味がわかる 知
- 儀式にふさわしい気持ちで参加する 思
- 落ち着いて参加できる 主

◇ 始業式で，児童の代表として新しい生活への希望や決意を発表しました。進級する喜びとともに，自分のめあてをはっきりもって意欲的に学習したい気持ちを表すことができました。知

◇ 入学式に在校生の代表として出席し，新入生を歓迎する「呼びかけ」で，大きな声で心を込めて入学を祝う言葉を伝えることができました。上級生としての自覚をもって関わろうとする気持ちが伝わってきました。思

◇ 終業式で，児童代表として発表しました。○学期にがんばったことを振り返るとともに，課題を見つけ，長期休み中にどうしていきたいかを考え，発表することができました。主

### (2) 文化的行事 ▶所見のポイント

- 楽しみながらよりよいものを作り上げる 知
- 多様な文化や芸術に親しむ 思
- 行事に進んで参加しようとする 主

◇ 展覧会に向けて，自分らしい発想を大切にした表現力豊かな作品を作りました。よりよいものにするために，最後までていねいに仕上げました。知

◇ 音楽会で，世界の音楽に親しみ，楽しく歌ったり合奏したりしました。ほかの学年の演奏もよく聴き，その違いを楽しみました。思

◇ 学芸会で，熱心に練習に取り組むことができました。友達のよいところを認め，互いに励まし合いながら楽しく劇を表現しました。主

特別活動

## (3) 健康安全・体育的行事　　　　　　　　　▶所見のポイント

- 健康・安全の大切さを知る 知
- 自分の成長を楽しみにする 思
- 運動に進んで取り組む 主

◇　避難訓練で，安全に必要な約束をしっかり守り，きちんと指示を聞いて行動することができました。訓練に真剣に取り組む大切さが理解できています。知

◇　運動会での学級のめあてづくりで，積極的に意見を出し，話し合いを進めました。めあてを意識して練習に取り組み，全力を出し切ることができました。思

◇　マラソン大会で，自分の目標タイムを決めて練習に取り組みました。中休みのマラソンタイムでは，友達と励まし合って意欲的に走っていました。積み重ねた努力が，上位入賞につながりました。主

## (4) 遠足・集団宿泊的行事　　　　　　　　　▶所見のポイント

- 集団で行動するときに気をつけることがわかる 知
- 協力しながら集団で行動できる 思
- 自然や文化に関心をもち，活動を楽しむ 主

◇　周りの状況に注意して歩いたり，交通機関を利用するときは周りの人に気を配って静かにしたりするなど，集団で行動するときのルールが身についています。知

◇　1年生との遠足で，手をつないで歩いたり一緒に遊んだりして，楽しく過ごせるように気を配ることができました。みんなで楽しめるような遊びを工夫し，1年生にもわかりやすく遊び方を教えていました。思

◇　遠足では，バッタやテントウムシを見つけたり，草笛を作ったりして，

自然と親しみ，楽しむことができました。囯

---

## （5）勤労生産・奉仕的行事　　　　　　　　　▶所見のポイント

- 働くことの大切さがわかる知
- 進んで仕事をすることの喜びをもつ思
- 学校や地域の人のために進んで働く囯

---

◇　大掃除では，普段掃除できないロッカーの裏や棚の上などを進んで掃除しました。きれいになった教室を見て，すがすがしい気分を味わうことができました。知

◇　老人ホームとの交流会で，高齢者と楽しく昔遊びをしました。「楽しかった」「また来てね」と感謝の言葉をかけられ，もっといろいろな交流がしたいという気持ちをもつことができました。思

◇　縦割り班で行う清掃活動で，ほかの学年の児童と協力して取り組みました。気づいたことを提案して活動の幅を広げるなど，積極的に校庭をきれいにしました。囯

特別活動

第 **6** 章

## 学校生活の様子 [指導要録「行動」の項目別]

1 基本的な生活習慣
2 健康・体力の向上
3 自主・自律
4 責任感
5 創意工夫
6 思いやり・協力
7 生命尊重・自然愛護
8 勤労・奉仕
9 公正・公平
10 公共心・公徳心

## （1）基本的な生活習慣　　　　　　　　▶所見のポイント

- 安全に気をつける
- 時間を守る
- 物を大切にする
- 気持ちのよいあいさつをする
- 規則正しい生活をする

◇　ポケットに手を入れたまま登校してくる1年生に「転んだときに手がすぐ出ないとけがをするよ，手は出して歩こうね」と優しく声をかけていました。安全に注意して学校生活を送っています。

◇　お手洗いや水飲みなどは，休み時間が始まったらすぐに済ませるように心がけて行動していました。時間を守って生活することができています。

◇　雨の日遊びグッズのトランプを使い終わったあと，きれいに整えてケースにしまっていました。みんなで使う物を大切にすることができました。

◇　朝は「おはようございます」と元気にあいさつをしてから身の回りの支度を始めています。学校公開日には地域や保護者の方など，だれに対しても気持ちのよいあいさつができました。

◇　体育などで着替えが必要なとき，ぬいだ服をたたんで置いたりしまったりする習慣がしっかりと身についています。

## （2）健康・体力の向上　　　　　　　　▶所見のポイント

- 心身の健康に気をつける
- 進んで運動をする
- 元気に生活する

◇　マスクをきちんと着用し，手洗いとうがいを欠かさずするなど，健康に気をつけた生活が日常的にできています。

◇　給食当番になると，せっけんでていねいに手を洗い，マスクをつけ，髪の毛をしっかりと帽子の中にしまうなど，清潔な身支度を整えて準備をすることができました。

◇　寒い日でも元気に校庭で遊びました。友達と一緒にのぼり棒の練習をして，一番上まで上れるようになりました。

◇　天気が悪く室内遊びが続いたとき，周囲の友達を誘って「イラストしりとり」を始め，楽しく時間を過ごしていました。時と場に応じて，アイデア豊かに遊ぶことができました。

## （3）自主・自律　　　　　　　　　　▶所見のポイント
- よいと思うことは進んでする
- 最後までがんばる

◇　よいと思うことは進んですることができました。お休みの友達がいて給食当番が足りずに困っていると，「わたしが手伝います」と言って手伝っていました。

◇　昇降口でぬいだ上ばきは，いつでもかかとをそろえて下駄箱に入れていました。隣や上下の友達の靴もさりげなく直している姿をほかの子どもたちが見て，みんなが靴をそろえられるようになりました。

◇　給食が終わり床にストローの袋が落ちていると，黙って拾ってごみ箱に捨て，教室をきれいにしていました。気がついたことは率先して行う姿が見られました。

◇　6年生を送る会で使う花のアーチづくりをしたとき，熱心にお花づくりに取り組み，一つ出来上がると足りない分も進んで作りました。最後まで心をこめて作り上げることができました。

## (4) 責任感　　　　　　　　　　　　　　　　　▶所見のポイント

- 自分でやらなければならないことは，しっかりと行う

◇　給食のごちそうさまをしたあと，「給食当番の人は配ぜん台を片付け終わってから昼休みにしようね」と声をかけ，当番として最後まで仕事をやり終えました。自分がしなければならないことを，しっかりと行うことができました。

◇　学級全員分の配布物を何種類か配らなければならなかったとき，自分の配っている分がなくなるとまだ残っている分を取りに来て，配り係として仕事がなくなるまで働きました。

◇　休み時間に遊んだ学級のボールを，だれも持って帰ってきていないことに気づき，一緒に遊んでいた友達に声をかけ，学級のボールの置き場にきちんと片付けることができました。

◇　音楽室から借りた楽器を，きちんとお礼を言ってから元あった場所に返すことができました。借りた物の数が足りないときは，みんなに説明して一緒に探してもらい，そろえることができました。

## (5) 創意工夫　　　　　　　　　　　　　　　　　▶所見のポイント

- 自分で進んで考える
- 工夫しながら取り組む

◇　学級全員が名札を付ける目標を達成するために，「名ふだつけました！」というせりふ付きキャラクターカードを作って名札入れに付けることを提案しました。よいと思うことを考えて，工夫することができました。

◇　流し場を洗い終わったあと，「周りまできれいにした方が，次に使う人も気持ちがいいよね」と，水滴や洗剤の泡を，進んでぞうきんできれいにふき取りました。よりよい方法で仕事をしようと考え，工夫することがで

きました。

◇　1年生を連れて学校探検をするとき，迷わないように前もって休み時間に友達と下調べをしました。静かにする必要がある保健室や職員室の近くは，事前に1年生に伝えておくとよいのではと提案しました。

◇　週末に上ばきの持ち帰りを忘れる人が多かったとき，「帰りの会で，手元にあるかを隣の人と確かめ合う時間を作ればいいと思います」とアイデアを発表しました。よりよく生活するために考えることができました。

> **(6) 思いやり・協力**　　　　　　　　　　▶ 所見のポイント
>
> ● 身近にいる人々に温かい心で接する
> ● 人に親切にする
> ● 人と助け合う

◇　図工の時間に絵の具バケツを倒してしまった友達がいました。「だいじょうぶだよ」と優しく声をかけて，すぐに自分のぞうきんを持ってきてふいてあげました。思いやりの心が育っています。

◇　欠席した友達へのお休み連絡カードをていねいに書き，「○○さんがいなくてさみしかったよ」と心温まる言葉を書き添えました。「通学路の途中だから届けます」と進んで引き受け，家に届けました。

◇　掃除の時間，おなかの調子が悪そうな友達に「座って休んでいていいよ，先生にも伝えておくから」と優しく声をかけました。友達を思いやる心が育っています。

◇　生活科でリースづくりをしたとき，早く作り終わった子と協力して，仕上がらない子を手伝いました。学級の全員が仕上がったとき，「みんなで助け合うと早くできるね」と，顔を見合わせて喜んでいました。

学校生活

## (7) 生命尊重・自然愛護　　　　　　　　▶所見のポイント

- 生きているものに優しく接する
- 自然に親しむ

◇　学級で飼っているドジョウの水槽を，友達と協力してきれいに洗いました。ほかの友達にも愛着をもってもらえるよう，ドジョウの名前や見るときのお願い事を考えて水槽に貼り，学級のみんなが興味をもちました。

◇　遊んでいたボールが学校の池に入ってしまったとき，そっとボールを取って「金魚がかわいそうだから，もっと離れたところで遊ぼう」と，進んで池から離れて遊んでいました。

◇　飼育小屋で飼っているウサギを世話していた高学年のお姉さんに「あげてもだいじょうぶなら，えさにしてください」と，にんじんの皮や野菜を持ってきました。動物を大切にしようとする姿が見られました。

◇　台風が来る前に，鉢植えのアサガオを校舎内に運ぶのを手伝いました。友達に「お花は自分で動けないから，がんばって運ぼう」と声をかけるなど，植物を大切に世話をしようとする気持ちが表れていました。

## (8) 勤労・奉仕　　　　　　　　　　　　▶所見のポイント

- 手伝いや仕事を進んでする

◇　掃除当番のとき「教室のすみっこは，たくさんほこりがたまるね」と言いながら，ミニほうきをていねいに使ってはいていました。終わったあとには，ミニほうきをきちんとフックにかけて片付けることができました。

◇　1年生が校外学習でいないとき，廊下にごみがあるからと，友達と一緒に1年生の教室前廊下もきれいに掃除をしました。進んで仕事を見つけ働くことができました。

◇　棚に入れてあるけんばんハーモニカが正しく並んでいないのに気づく
　　と，名前がきちんと見える向きになるようにそっと直していました。人が
　　見ていなくても，みんなのために行動しようとする姿が見られました。。

◇　運動会の前に，全校で校庭の石拾いをしたとき，「けがをしないように」
　　と進んで小石を拾いました。最後まで意欲をもって取り組むことができま
　　した。

## (9) 公正・公平　　　　　　　　　　　▶所見のポイント
● 自分の好き嫌いや利害にとらわれないで行動する

◇　休み時間に元気におにごっこをして遊んでいました。「入れて」と言っ
　　てくる子がいると，分け隔てなくだれにでも「いいよ」と仲間に入れてい
　　ました。

◇　仲良しの友達でも，授業中に関係のない話をしているときには「今は勉
　　強だから，静かにしよう」と自分の考えを伝えることができました。だれ
　　に対しても公平に接することができます。

◇　二人の友達から同時に別々の遊びに誘われたときに，「それじゃあ，み
　　んなで一緒に遊ぼう」と提案していました。好き嫌いにとらわれることな
　　く，公平に意見を言ったり聞いたりすることができました。

◇　友達を誤解してけんかになったことがありましたが，自分を振り返り，
　　素直に「ごめんね」とあやまることができました。公正な考え方で，善悪
　　を判断する面が成長しました。

## (10) 公共心・公徳心　　　　　　　　　▶所見のポイント
● 約束やきまりを守って生活する
● みんなが使う物を大切にする

◇　いつも安全帽をきちんとかぶり，道路の右側を歩いて登校しています。

学校生活のルールを守って生活するということが身につきました。

◇　1年生と一緒に遠足で公園に行ったとき，人気のある遊具は並んでいる順番を守って楽しむことや，周りに小さな子がいるときは特に安全に気をつけることなど，まずは自分から守り，1年生にも教えていました。

◇　雨の日に傘立てが乱れているのを見つけ，「みんなが使う玄関だからみんなできれいにしよう」と率先してほかの人の傘を整えて入れ直していました。みんなの使う場所をきれいにしようとする意欲が高まっています。

◇　休み時間など教室にだれもいなくなったとき，電気を消したり，洗い場の水道の蛇口をていねいに閉めたりする姿がよく見られました。電気や水など，みんなで使うものを大切にすることができています。

## 編著者

田中耕治…………佛教大学教育学部教授・京都大学名誉教授
（執筆担当：はじめに・第1部解説編第1章）

## 執筆者

浅井正秀…………東京都葛飾区教育委員会学校経営アドバイザー
天野詩朗…………東京都江戸川区立清新第一小学校主任教諭
小川和美…………東京都葛飾区小中一貫教育校高砂けやき学園
　　　　　　　　　葛飾区立高砂小学校校長
尾高正浩…………千葉県千葉市立轟町小学校校長
木間東平…………東京都葛飾区立柴又小学校校長
柴田さきえ………東京都中野区立桃園第二小学校主任教諭
中村　圭…………東京都葛飾区立東水元小学校主幹教諭
西垣恭子…………東京都墨田区立東吾嬬小学校主任教諭
鋒山智子…………社会福祉法人花ノ木児童発達支援センター副センター長
矢島好日子………元東京都多摩市立豊ヶ丘小学校校長
渡邊梨恵…………東京都葛飾区立中青戸小学校指導教諭

（執筆担当：第2部第2章〜第6章）
＊五十音順

## 編著者紹介

**田中耕治**（たなか こうじ）

佛教大学教育学部教授，京都大学名誉教授

日本教育方法学会理事，日本カリキュラム学会理事，日本教育学会近畿地区理事

主な著書に，『学力評価論の新たな地平』(1999 年)，『指導要録の改訂と学力問題』(2002 年)〈以上，三学出版〉，『教育評価の未来を拓く』(編著，2003 年)，『よくわかる教育評価』(編著，2005 年)『戦後日本教育方法論史』上・下 (編著，2017 年)〈以上，ミネルヴァ書房〉，『教育評価』(岩波書店，2008 年)，『新しい教育評価の理論と方法』I・II (編著，2002 年)，『学力と評価の"今"を読みとく』(2004 年)，『時代を拓いた教師たち』I・II (編著，2005 年，2009 年)，『新しい「評価のあり方」を拓く』(2010 年)，『グローバル化時代の教育評価改革』(編著，2016 年)，『教育評価研究の回顧と展望』(2017 年)，『小学校 新指導要録改訂のポイント』(編著，2019 年)〈以上，日本標準〉など多数

**新3観点　保護者の信頼を得る**
**通知表所見の書き方&文例集** 小学校 低学年

2020 年 7 月 15 日　第 1 刷発行
2023 年 6 月 10 日　第 3 刷発行

編著者　田中耕治
発行者　河野晋三
発行所　株式会社 日本標準
　　　　〒 350-1221　埼玉県日高市下大谷沢 91-5
　　　　電話：04-2935-4671　FAX：050-3737-8750
　　　　URL：https://www.nipponhyojun.co.jp/

印刷・製本　株式会社 リーブルテック